U0855746

真陪伴，正成长

“真麻麻”优势教育中的29个秘诀

陶真 著

中国妇女出版社

图书在版编目（CIP）数据

真陪伴，正成长 ："真麻麻"优势教育中的29个秘诀 / 陶真著. -- 北京 ：中国妇女出版社，2020.5
ISBN 978-7-5127-1835-7

Ⅰ.①真… Ⅱ.①陶… Ⅲ.①家庭教育 Ⅳ.①G78

中国版本图书馆CIP数据核字（2020）第019538号

真陪伴，正成长——"真麻麻"优势教育中的29个秘诀

作　　者：陶　真　著
责任编辑：肖玲玲
封面设计：尚世视觉
责任印制：王卫东
出版发行：中国妇女出版社
地　　址：北京市东城区史家胡同甲24号　　邮政编码：100010
电　　话：（010）65133160（发行部）　　65133161（邮购）
网　　址：www.womenbooks.cn
法律顾问：北京市道可特律师事务所
经　　销：各地新华书店
印　　刷：汇昌印刷（天津）有限公司
开　　本：165×235　1/16
印　　张：20
字　　数：236千字
版　　次：2020年5月第1版
印　　次：2020年5月第1次
书　　号：ISBN 978-7-5127-1835-7
定　　价：39.80元

版权所有·侵权必究　（如有印装错误，请与发行部联系）

名家推荐

认识陶真很多年了。在我的朋友圈里，她就是一颗越来越明亮的星。她热诚、可爱、勤奋、坚韧、宽容、智慧……这些词语都可以用来形容陶真的美好气质，也可以用来形容陶真新书的美好气质。陶真是全国妇联执委，也是河南省妇联兼职副主席。在她的情感世界里，对母亲们和孩子们的爱是份额最重的。身为母亲的陶真，把所有的母亲都当成亲亲的姊妹。这本书是她从自身出发，由己及人，用最珍贵的生命体验所凝聚出来的深刻感悟，和姊妹们暖心分享如何去更好地爱生活、爱孩子、爱自己。打开此书，必有收获。

——鲁迅文学奖得主、著名作家　乔叶

陶真实干——我闪念之间的随口一说，在她的手里变成一个万人超级大群；陶真善言——她锲而不舍的公益执念，逼迫我写出一本亲子之书并且畅销；如今陶真姐姐也要出书了，我却有些担心：她的情怀、她的智慧、她的育儿真经、她的家教秘籍，又岂是一本书所能涵盖、所能承载……

——《爸爸哪儿也不去》作者、《教育时报》总编辑　刘肖陶真是我的好妹妹，更是父母的好女儿、仔仔的好妈妈……认识她 30 多年，每天总能看到她忙碌的身影，听到她动人的声音。大，可担家国责任；小，可迷倒 3 岁孩童。可她早已模糊了男女的性别，里里外外、上上下下，家国两担当，满面漾春风。她是女性的骄傲，更是我心中的“真”英雄！

——享受国务院特殊津贴专家、河南省实验幼儿园园长 张秋萍

睿智而又温暖的人往往更容易吸引我，陶真正是这样一个人。电波里的温柔，使得我们虽未谋面，但早就有了相知的感觉。第一次见面，名如其人，她温润、优雅、友善的目光里满是智慧。和她同窗的那段时光，我们温暖了彼此。现在的她，处于繁华不失清雅之心，为人温润不失热情之态。

真女神，掏真心，所以叫陶真。真陪伴，正成长，真麻麻的幸福经。细读陶真的书，有一种豁然开朗的感觉：让我们顺势育儿，给予孩子最好的爱。

——《中国家庭报·家长学校》周刊副主编 张雨芮安

陶真自身的成长经历就是一本耐读的书。从少儿节目《小铃铛》到陪伴着众多女性成长的《月亮船》，从“中原女性大讲堂”到真麻麻万人陪伴群，从全国妇联执委到共青团中央家庭教育智库专家……这一系列身份和成就都源自她内心的召唤：“为天下最善良的女人服务，为天下最纯洁的孩子提供支持。”

和陶真相识的 15 年间，我见证了她奋进求索的职业成长历程，也目睹了她在照顾母亲、培养仔仔等方面所展现出的坚韧、独立与担当。陶真的所思所悟正是来自她 30 多年丰富的职业历练以及她在真实生活中的探

索与践行。她把这些从磨砺中淬炼出的智慧汇编成书，内容翔实而丰润，见解独到而精辟。读着这些洽博多闻的文章，我犹如又听到了《月亮船》节目中陶真姐姐那带着温度和磁性的嗓音，伴着婉转悦耳的背景音乐，带着智慧的溪流缓缓流进心里，激起诸多思维与体验的共鸣。

——新域创业领导力创始人　刘亚峰

序

Preface

从事心理学研究和教学 40 多年，我教过的学生已不计其数，他们在各行各业从事着心理学的探究与实践，我经常跟他们说："我们心理学者，和没学过心理学的人是不同的。"

本书作者陶真的身上，就体现出这种与众不同的地方。她是我在北京大学与美国先锋理工大学合办的应用心理学研究生班讲课时认识的学生，她跟随我们学习心理学近 4 年，毕业之后，有时还会回到校园，与新同学重温课程。

第一次见她，她就带着一大堆问题问我，比如孩子的性格养成，对孩子持续学习能力的观察，是有备而来的。我愿意教这样的学生，她不是为了学历和功名，而是带着问题走进心理学课堂的。

我在研究生班上讲授《发展心理学》和《人格心理学》课程，每次她都会早早来到教室，坐在第一排，听课特别认真，尤其是讲到关于儿童的学习能力和气质类型的时候，她都能举出生动的例子。我问的问题，她总是积极回答。记得她参加应用心理学硕士生毕业答辩时，她讲到，针对不同孩子的问题，应该运用不同的心理学原理，在帮助家长解决这些问题时，她还会给家长们推荐一些书籍和绘本。她的答辩给评委留下了深刻印象，顺利通过了。

后来我才知道，陶真是一个有着近30年广播经验的少儿节目和女性节目的资深主持人，在多年工作实践中，因为做广播电视节目，她接触了大量的家长和孩子。这些家长经常找她咨询关于家庭教育和孩子成长的问题，她很想帮助这些听众，于是就不断地学习，一次又一次走进课堂。她把我的《伯克毕生发展心理学》作为案头书，随时学习，随时研究。

我主持过关于北京208个普通孩子的社会行为与家庭教养方式的一项跟踪研究，这些受试者均从2岁开始接受跟踪研究，前后持续了24年。研究发现，每个孩子身上都有自控力和主动性两颗“种子”，孩子成长最理想的状态，就是两颗种子都饱满、和谐地得到发展。陶真注重把这一研究结果付诸实践。她从研究生班的学习开始，就对30个孩子进行观察和训练，运用我编制的气质量表来测量这些孩子品格的前后差异。

陶真有一个二十几万人的网上妈妈学习群体，叫“真麻麻陪伴群”。她在群里给妈妈们普及浅显易懂的心理学知识，秉持注重家庭、注重家教、注重家风的理念，取得了很好的效果。2019年，陶真当选为河南省家庭教育学会会长，表明她的工作获得了广大家长的认可。

教育不是一蹴而就的事情，而陶真把教育实践中遇见的最棘手的问题用心理学手法逐一拆解，用教育学方法润物细无声地落实，用管理学的技巧去实践，用社会学视角去推广。这本书与其说是她作为一个母亲养育孩子的记录，不如说是对万千妈妈的叮咛。尊重儿童、发展儿童天性的口号大家都会喊，但实际应用上很多家长就感觉很难。例如，家长希望能解决孩子沉迷平板电脑、手机等各种电子产品的问题，这本书里《新物种——手机虫》一文详细介绍了用研究手段的生态化、现场化、跨文化，使孩子规避游戏成瘾。关于死亡的话题，在很多家庭教育现场是讳莫如深的，而陶真在《死神是一个温柔的女孩子》这篇文章中用自己告别妈妈时的亲身经历，给孩子解释生命的严肃命题。文章里点明家长解释死亡的两种错误方式，直接给出了正确方法，此外，她还推荐了几个小妙招和绘本。这篇文章让我十分感动，因为所有的“术”背后都是“道”的注解，从人类命运不可抗拒的宏大主题去写这篇文章不好写，而从这个小切口直接切入话题，反倒能让孩子很好接受。

两千多年前，孔子就说过：“好之者不如乐之者。”我认为，内在兴趣对一个人是非常重要的。2007 年诺贝尔文学奖获得者是土耳其的一名作家，他本来是学理工的，但是后来成了作家并获得了诺贝尔文学奖，这说明什么？说明兴趣在一个人成才过程中可以起到重大作用。什么是兴趣？兴趣就是对目标物自发的趋近，它是一种巨大的内驱力，使儿童能够长时间地在某一方面花时间。强烈的内在兴趣，加上强烈的成长性动机、独立性、创造性、求新求异性和反潮流精神，这些就是取得成就的重要条件。

陶真是一个心理学学习的“乐之者”、家庭教育的实践者，我欣喜地看到她的新书《真陪伴　正成长》，相信这本书会像她主持的节目一样，受到广大家长的欢迎。

陈会昌

于北京学知园

2019 年 7 月 4 日

自序

Preface

我是陶真，一个在广播里讲了30年童话故事的节目主持人，一个9岁男生的妈妈。我最认可自己的身份是语言社会工作者。

那些曾围坐在收音机前听我讲故事的孩子，已经一个个地从电波的那一头走到了时代的这一边，有的孩子已经为人父母，有的孩子仍走在成家立业的路上。而那些优美的童话、故事、散文，始终伴随着一代又一代孩子长大，同时也滋养着我的心灵，让我在孤单的时候不寂寞，在低落的时候不妄自菲薄。

如今，我的故事从陪伴孩子成长的童话变成了爸爸妈妈口中的育儿故事，那个总是用细腻嗓音编织梦想的陶真姐姐也渐渐过渡为亲子教育界的真麻麻。

我很幸运，因为和孩子们走得近，了解过一个又一个的孩子和家庭。这些了解伴随时间的发酵，酿成一杯关于如何更好地做父母的酒。直到我也体验到生儿育女的滋味，诞下儿子牛仔后，我才开始对心理学有了深入学习和研究。起先，一切只是为了不辜负上天赋予我养育孩子的责任。但系统学习了心理学知识后，我发现自己还是没有办法减少作为母亲对孩子成长的焦虑，所以转而向更多家长学习用“集体的智慧”解决纷扰的育儿难题。于是我在不主持节目的时候建起了一个大型的微信群：一个以“真陪伴，正成长”为主要诉求的线上妈妈社群。

我愿意支持孩子们和他们的家庭，更愿意向身边的智慧妈妈们学习，更渴盼让天下的妈妈们互助结伴成长。在这里，我要深深感谢郜秀菊、樊平、李金锋、王瑛、聂章艳、范国平、杨瑛、董丞明、徐明、王建军、宋吟、张珑、祝民等好友对我写这本书的敦促，还要感谢我在河南大学任教期间的学生沈铎、李林、陈宣成、高垚对这本书稿提出的宝贵意见。读者朋友们，即将翻开好妈妈闯关攻略的篇章，您是否也有着萦绕心中的难题等待一探究竟呢?

陶真

2019 年 12 月 12 日

目 录

Contents

第一章　妈妈要成长

第二章　妈妈要观察

第三章　妈妈要行动

第四章　妈妈要思考

第一章

CHAPTER 1

妈妈要成长

人们都知道现代社会有很多职业，唯独妈妈这个职业有很多人不知道。有人会说，妈妈算什么职业呢？生了孩子就是妈妈，直接就“上岗”了，太简单了！是这样吗？事实真的不是，在现实生活中，我见过太多的妈妈“上岗”时一无所知、糊里糊涂，“上岗”后手忙脚乱、后悔不已。为了不让这样的妈妈一个个“前赴后继”，我再次提醒各位妈妈，妈妈就是一个职业，“上岗”前要学习。如果“上岗”前没学，“上岗”后要边做边学。孩子是你的陪练，你要尊重他、爱他，在他成长的同时检验自己的成长状态。

• • •

与真麻麻为伍，欧耶！

以前，很多人认识我是因为节目。现在，更多的年轻父母认识我则是通过网络，他们都在真麻麻群里了解我……节目里的我是怎样的？网络里的我是怎样的？真麻麻群是怎么来的？让我讲给你听……

从历时 27 年的少儿节目《小铃铛》到历时 18 年的女性节目《月亮船》，再到后来长达 7 年的管理咨询节目《绝对领先》，有人笑言我的节目伴随着他们长大成人，走向社会，直到生儿育女。

我也这样一路走来，组建家庭，生下牛仔。时间的齿轮不断推进，走到现在，我摇身一变，成了几百个微信群里面的真麻麻，陪伴着无数妈妈一起成长，一同传播教育理念，交流着家庭生活的酸甜苦辣。

记得论坛（BBS）刚问世的时候，我就是“商都 BBS 月亮船女子沙龙”版块的版主。犹记那时，广播电台的女性节目《月亮船》像是一头在偌大城市上空遨游的鲸，它发着独特的频率，吸引了城市里千千万万个因为节目而产生共鸣的有趣灵魂，大家最终交织成网，聚焦在最早的 BBS 里。直到现在，我每每想起，都会无比庆幸和感恩这一次又一次的相遇。

在听众的印象中，我是个善于沟通、兼具知性与理性的电台主持人。然而褪下这个光鲜的外壳，我又是一个在虚拟网络中穿梭自如、游荡在各大论坛的网络青年。我性格开朗，热爱生活，在论坛里是出了名的性情豪爽，与人讨论起来唇枪舌剑，玩得不亦乐乎。

刚当上“商都 BBS”的版主时，我还不会打字，还是商都信息港的工作人员手把手教我。我很快就爱上了这份看似无聊的工作，并从刚开始被人嘲笑的老年人手速，很快就蜕变成了打字飞快的电脑高手。

那一段时光，便成为我单身岁月里最美好、最难忘的体验。无数原本陌路的人通过互联网会聚到一起，记录下生活的喜怒哀乐，彼此虽是过客，但透过文字也能体会出对方的心境。我想，缘分莫过于此，古往今来无数剧本被搬上舞台和银幕，戏里戏外人们演绎着百态人生，而在这一幕幕转场中，都不可免俗地提到了这种缘分。

这份友谊也从线上一直延伸到了线下。我们频繁聚会，举行各种各样的交流活动，在欢声笑语中寻觅认同。那时尽管还没有“网恋”这个概念，但我们的线下聚会确实促成很多人更深层次的来往，有人共赴婚姻殿堂，而有的至今还是相交甚好的朋友。

线下的聚会也带给我们很多不一样的惊喜。原来在版块中搅动风云的焦点人物只是一个 20 多岁的青涩小伙儿；对儿童教育见解深刻的神秘专家原来是附近一所小学的班主任；万年潜水的某某居然还是一位水产养殖场的老板……这种脑海中的画像与现实的差异让我们忍不住地笑。当然，他们更没有想到的是，声音理性的电台主持人，在生活中还有这样随和、开放的一面。

各种不同的人都能在论坛中找到志同道合之辈。我年轻的时候喜欢摄影，摄影沙龙的朋友对我帮助颇多。还有那些看似文静的人却丝毫不惧怕地在越野车爱好者们举办的“越野越疯狂”聚会中发泄一把不为人知的狂野。如果热爱美食，你同样能通过文字与素未谋面的网友交流做菜的心得体会。

有人说，网络是虚拟的，没有现实作为基础，这样的感情必然虚假而又脆弱，但我始终不相信这一点。即使在电台工作这么多年，整天围绕着各种各样的圈子、小团体，我仍始终坚持着自己真诚的本性，对那些因为录制节目而仅见过几面的人也不会去敷衍，从前期策划到执行落地，我都勤勤恳恳，丝毫没有怠慢。

虚拟的世界其实并不虚拟。你可以在这里面找到心灵的慰藉，遇见形形色色的人。遇见他们，你就会知道，人不只是属于家庭和单位，而更应该拥有自己的圈子。

我从不曾恐惧和人交往，甚至对这种交流有着由衷的热爱。或许生长于 20 世纪八九十年代的人都有些理想主义，而那个时候恰好又逢武侠小说风靡华人世界，所以人们心中或多或少都有一个江湖梦，而网络论坛就是那个江湖。来到这个江湖的人，以键盘为剑，化鼠标为刀，用自己的文字在代码构建的世界中行侠仗义，快意情仇。江湖之大，鱼蟹虾鳖俱全。神龙见首不见尾的大侠，大隐于寺的扫地僧，独步江湖的“五绝”，更多的则是毫无名气的菜鸟咸鱼。然而就是这样一个江湖，浓缩了世俗生活中的人生百态。

但江湖不总是风平浪静。人心凝聚的江湖偶尔也会掀起“腥风血雨”的论坛大论战，这也是 BBS 独具魅力的地方。褪下广播中感性而亲切的大众印象，我在网络江湖中也是个一言不合就行侠仗义的女侠啊！我现在都还记得自己曾在论坛上进行过一场关于“女生是否要做一个好好小姐”的大辩论。说起来是辩论，现在看来，分明就是一场男男女女之间的大吵架。

论战的双方一边以我为首，另一边则是论坛中一号赫赫有名的人物。我们两个就新时代女性究竟要不要做一个大众眼中的“好好小姐”展开了激烈的争论。双方你来我往，各自据理力争，不肯相让半步。可真是你方唱罢我登场，唇枪舌剑相击，斗得不亦乐乎。现在想想，如果我们两个当时面对着面，那场景定然是“口水与孤鹜齐飞，唾沫共长天一色”，指不定有多壮观呢！

当时争论的内容到现在我大多已经记不清了，但那时快速敲击键盘的场景依然历历在目。我后来听说那位神秘人物是某报社的编辑，还将我们争论的内容编成了一本书。这本小册子送到我手上的时候，我不仅一点儿都不伤心，反而还觉得有趣极了。像这样虚拟世界里对事不对人的正经辩论，应该可以算是当时人生中不多的浪漫事件之一了吧！

网络里的争论不看情面，只争是非，远比别人想象中要纯洁得多。在那一段时间里，我的写作能力噌噌噌往上涨，也就是因为在论坛上吵不过别人了，就立马下线去翻翻《鲁迅文集》，有了思路之后再次披挂上阵，舌战群雄，将一干对手驳得人仰马翻，尔后再扬长而去，别提有多豪气了。

作为一个版主，可不能光在论坛里吵架，我也必须尽力维护这一个版块的氛围。我努力地在这个网络世界中营造一个女性平等交流的氛围，不仅仅是搜集关于节目的意见，更多的其实是让大家在工作之余能有一个情感沟通的走廊。

我会因为一个女子秀丽纤美的文风而想走到她身边去，靠近她；同样也会因为一个男子在网络中的飞扬跋扈，而将他踢出去。我欢迎正常平等的交流，反对发泄情绪的谩骂与诽谤，努力去建设一个美丽的“月亮船论坛”，将其打造成郑州女性心灵交流的港湾。现在想来，尽管有些不现实，但初衷是好的。

跟现在相比，BBS 之美恰恰在于它的互动性。每个人都可以在论坛上面发表自己的观点，评论他人的想法。每个人都是平等的，没有阶层，没有上下级，大家都是茫茫人海中的一朵浪花。所以尽管后来的网络世界越来越大，我却依然怀念那一个个不大的 BBS 论坛版块。

正是因为有在网络上工作、沟通、交流的经验，所以我一直觉得网络社会并不是虚拟的。不是有一句话叫“人心即是江湖”吗？虚拟的线上生活，恰恰是线下真实社会的写照。线上应该成为线下的载体，承载着跨越时间和空间的对话。

记得当时有人采访过我，问我假如只有三天时间，我该如何度过？我几乎是不假思索就回答出来：“当然是上网啊！”上网、上网，还是上网。我要经营那个不大的 BBS，只是因为在意那个版块上每个发言的人，想了解他们的情绪，想知道他们有没有因为来到这个 BBS 而感到快乐。

后来随着时代洪流的裹挟，BBS 慢慢没落了。那些曾经活跃在论坛上的昵称逐渐不再出现，发帖也接近于零，一个时代就这样在我面前悄然落下帷幕。也就是在这之后，我们建立起了真麻麻微信群。

2015 年，孩子从幼儿园毕业，他们班上的微信家长群也要解散了。说实话，这些孩子相识 3 年，彼此已经成为很好的朋友，我们这些家长也大多互相认识，一下子宣布解散，内心还是颇有不舍。

萌生建立微信群的另外一个原因是一个偶然的机会，我和我的好朋友——做品牌策划的王大米、正在学习国学的张珑——一起就教育问题展开了大讨论。

那是一个夏日的午后，天气特别热，没有一丝风吹过，但闷热的天气并没有影响到我们热火朝天的讨论。我们都是有孩子的人，作为家长，关注最多的莫过于孩子的教育。所以我们讨论的议题是：孩子究竟该上什么样的小学。

王大米主张孩子应该上具有国际先进教育理念的私立学校，张珑主张孩子得提升国学素养上私塾，我则希望孩子能够上公立学校。

王大米的想法是要尊重孩子的天性，注重创造性思维培养的学校理应成为首选；张珑却觉得一个人如果没有国学打底子，走到哪里都不行，孩子会因为缺乏自身文化土壤的滋养而变得没有意志力；跟他们的想法都不同，我觉得我们这一代都是从公立小学出来的，其中并不乏佼佼者，而且私立学校的教育方式与当前的教育方式有很大差别，生长在一个相对封闭的环境里，必然会导致孩子和正常教育阶段的脱节。再说，现在的人必须学会如何与人交往，在公立学校学习能与来自各种家庭的孩子相处，这些会成为他们日后宝贵的社交经验。

我们为这个话题争论得不可开交，谁也说服不了谁，于是开始准备寻找各自的支持者一起建立微信群，每个人拉自己的好朋友进群，准备和他们一起讨论这个问题。

不到一个小时，我们的百人群就满了。然而仅喝杯茶的工夫，我们还没开始讨论，这些家长就自顾自地讨论了起来，他们不停地拉自己的好友进群，新加入的也开始拉自己的好友进群，到晚上，两个五百人的群就建成了。这之后还不断有人给我们打电话，希望能再建群。

家长们对于孩子教育问题的关心远远超出我们的想象。不到一周的时间，我们就已经建立了 26 个群，覆盖的人数上万，这种指数级的传播方式实在超出我们三个人的预料。

为什么会这样呢？我们陷入了深深的思索。

我听过这样一句话：做家长，每个人都是第一次。每个做家长的都希望将最好的教养给孩子，但是总有这样或那样的困惑：什么才是最好的？为什么我和孩子的交流总是出现问题？这一系列问题充斥在家长生活的方方面面。

我们仨都是做父母的，心里也特别明白家长们的处境。除了想传授给这些家长更好的育儿技巧外，我们更想建立一个家长交流的平台。

在微信群里，我们互相交流教育孩子的各种心得。为了让大家有统一的认识，我们还分别开设微课传授教育理念，让每周一次的微课成为家长们自我提高的途径。

为了保持群里的活跃度，我们积极鼓励家长们让有才艺的孩子们在群里唱歌、讲故事、说相声，等等。后来，这种行为就慢慢演变成了定期邀请大咖回答家长们的问题、举办读书会、开展线下活动等各种各样的形式，这些微信群就变成了序言中所说的真麻麻群。

虽然当群主我没有经验，但教育孩子我却深有体会，再加之我学心理学，也能够针对家庭教育中出现的各种状况分析研判。实在不能解决的时候，我会定期组织教育领域的各路大咖现身讲课，解答家长们的疑惑。所以，这个微信群里经常会蹦出各种各样的神秘人物，有时候是“童话大王”郑渊洁，有时候是“花婆婆”方素珍，有时候又是其他领域的专家……

除了育儿，这个群更大的功能是缓解妈妈们的焦虑。因为做妈妈的都能互相理解，许多生活内容单一、比较封闭的妈妈，一天到晚做的事情除了家务就是接送孩子上学放学，她们的生活缺少乐趣。如果这些妈妈可以和热心肠、经历丰富的妈妈多多交流，就可以缓解、消除许多心理上的

这是 2019 年 3 月 5 日为庆祝河南广播电视台信息广播“新月亮船”节目上线所拍摄的照片。

2019 年，河南省首个网络妇联组织——“真麻麻万人陪伴群”妇女联合会成立了，选举出了主席和执委，我是名誉主席。

真麻麻群经常组织各种线下活动，家长带着孩子一起参加，大家共同成长。

这个标志性动作，寓意是“真陪伴，正成长”。这是群里一些会跳舞的妈妈精心设计的。

压力。

我刚建群的时候，有人说我傻，费力不讨好；也有人说我太精明了，笼络社会资源是为了将来做微商粉丝变现，到头来他们发现我什么东西都没有卖。自己的心思自己最清楚，我要做的是创造幸福、给予幸福，并且让更多的人和我一起经营幸福。让妈妈们彼此互相帮扶，都能成为“真陪伴，正成长”的好妈妈。

在经营幸福的事业上我并不孤独，因为有许多人和我一起在行动。我们这个群里，有心理专家周晓萍、中学教师李平，还有社区干部祝民，更有心理学专家“每天都微笑”。我们来自不同的地域，从事的工作也多种多样，但我们都有一个共同点，那就是深爱孩子、愿意学习、希望和家长们共同成长。

如今，笔耕不辍的好妈妈“每天都微笑”在简书上、李平在自己开设的公众号上分别撰写着有关家庭教育的文章，希望能对家长们有所帮助。我们群里推崇的好爸爸刘肖先生更是写了一本书叫《爸爸哪儿也不去》。真麻麻群里有了标志性的活动——晒早餐；标志性的口号——真陪伴、正成长；也有了自己标志性的微信头像。在这里，没有身份和家庭的差异，每个人都是真麻麻。

我一直觉得，作为一个妈妈，也要有自己的生活，有跟别人交流的勇气。网上虽然是虚拟的空间，但与我们的现实同样息息相关，在网络世界的你其实就是生活中真实的你的投射。

很多妈妈能在真麻麻群中找到和自己志趣相投的人，然后成为挚友。许多听我节目长大的孩子初为人母后，同样加入了真麻麻群的怀抱中。在这些群里，每个人都在成长，但我觉得我的收获最多，也因为能拥有这么一个群，做了这么一件有意义的事情而感到骄傲。

让我更感动的是，因为传播幸福的种子而得到妈妈的信任和肯定。2017年，全国妇联面向社会征集全国三八红旗手，在群里妈妈的推荐和更多妈妈的支持下，我获得了这个光荣的称号。作为河南省的三八红旗手代表，我走进了人民大会堂接受表彰，这是足以让我一生感到幸福而美好的事情。2018年年初，我又获得了由全国妇联和中央网信办共同评出的“全国巾帼好网民”称号，位列素质教育类第一名。

我在心里默默感谢河南省妇联和我的各级领导、朋友们，也深深感谢那些妈妈，是她们给了我这样的机会，让我能以这样的方式参与，并且还获得重要荣誉。这不禁让我反思，更有些惴惴不安，总觉得自己做得还不够，需要有更多形式和渠道让妈妈们参与经营幸福的事业，于是便有了这本书。愿君多采撷，因为每个人都可以做一个传递幸福的好妈妈。

2019 年 9 月，在山东临沂参加全国妇联第十二届执委培训班。

出席全国妇联第十二届二次执委会议时的照片。成为全国妇联执委后，为女性服务，为妇女和儿童谋福利，便成为我不变的梦想和目标。

2017 年，经河南省妇联推荐和河南广播电视台的审核与推荐，再加上群众网上投票，我当选为全国三八红旗手，来到北京人民大会堂接受表彰。

那天春寒料峭，我穿着裙子站在天安门广场上，背后就是人民大会堂。这是我一生中难忘的高光时刻，我心里充满自豪。

不会飞的鸡，请别让蛋飞

常言道，“与善人居，如入芝兰之室”。在我看来，我和各位妈妈合力建起的几百个真麻麻微信交流群就是这样一个芬芳的园地。在群里我们谈天说地，畅所欲言，甚至有一些很爱孩子的爸爸也选择加入我们的行列中来，让我十分感动。要知道，在中国传统家庭里，爸爸总是通过保持距离来显示他们的权威。

原本素不相识的我们，因为对孩子的爱走到了一起。这里没有贫富贵贱，也没有其他圈子里的骂战和售卖，在这里，我们只有一个身份，那就是孩子的父母；我们只有一个目的，那就是更好地教育孩子。我们互相交流，在交流中为彼此排忧解难；我们共同成长，朝着更尽责的好父母方向奋进。我们隔三岔五地探讨育儿的经验和方法，陪着孩子摸索前行，固然辛苦，但更快乐。我们有活动群、读书群、公益群、才艺群、阅读群、幸福家群，每个负责任的妈妈各自承担着管理微信群的任务，同时又是群的受益者。

就这样，我见证了许多或感动或惊诧或曲折的故事，也增长了太多见识。最后，我决心把他们的故事化作素材，写进我的书里，让更多父母看到：“哦，原来孩子还可以这么教！”

生儿育女一辈子，图什么？图晚年的一份赡养吗？不，图的是爱。一路坎坷，也是一路成长、一路收获。我们把生的希望延续到了孩子身上，让他们替日渐苍老的自己平平安安、幸幸福福，就好像我们又活了一次。这是父母的自私，也是父母的无私呀！

我曾问过很多爸爸妈妈，生了孩子后有没有后悔，他们的回答是："后悔又怎样呢？！"是啊，后悔又怎样呢？在孩子很小的时候，我们总觉得孩子越来越沉重，仿佛成为包袱，越来越疲于背起。随着孩子年龄渐增，我们开始发现他身上各种不如意、不完美，而"别人家的孩子"会让我们那么着急——孩子，我真怕没给你最好的教育。

这不是不爱孩子，而是我们太爱孩子了，我们生怕他们的未来不够灿烂光明，怕我们百年之后孩子无人照料。是的，即使哪一天他们也当上了爸妈，可是在我们眼里，他们永远是那个长不大的孩子。所以，压在父母身上的不只是孩子不合格的表现，更是父母自身殷勤恳切的寄望。

有人说："父母子女一场，终将是一场又一场的别离。"我静静想来，觉得积极的描述应该是"陪伴"。山水一程，我们携手走过，不论好坏，沿途不断清理烦忧，处处拾捡欢笑，家长就是孩子智慧知心的"大朋友"。话虽如此，几乎所有家长都很难做到，包括我们眼中"别人家孩子"的家长。

我认识这样一位成功家长，他是我的挚友——河南教育报刊社《教育时报》的副总编刘肖。他有一个女儿叫石榴，在他的教育下，石榴成为一个知书达礼、富有涵养的女生。

我曾经向刘肖约稿，想让他给我们真麻麻群里的妈妈好好说道说道育儿经，"他山之石，可以攻玉"，他山之玉，更助琢磨美玉呀！

可是刘肖十分谦虚，要不是了解其为人，我都会怀疑他要藏私了。他面对约稿时非常犹豫，说谁家不是这样带孩子的，他带孩子有什么好写的。本着给妈妈们指点迷津和趁机偷师的想法，我邀约再三，他一再推辞，谦虚表示自己没有必要写。最后，我和真麻麻群里的黄佩、李莉苦口婆心劝他，他才肯“乖乖就范”。

允诺为真麻麻群供稿后，刘肖一口气写了16篇教育孩子的笔记。恰逢他女儿石榴16岁生日，他把这些满含深情的文章送给孩子做礼物，也送给我们真麻麻群的妈妈们。很多妈妈说，他奉献的岂止是宝贝，简直是货真价实的“宝藏”！

刘肖在文章中提到,他在家里专门为孩子举行每周一次的家庭读书会，还邀请其他家庭一起参加。参加过他的家庭读书会的人都对他的家庭氛围称赞有加。腹有诗书气自华嘛！大部分家长都具备正确的教养观，可真正能付诸生活实践的有几人？瞧！人无我有,人有我优,差距就是这样拉开的。凡事为则立，不为则废，不要说这烂大街的道理都懂，懂怎么做不到呢？

后来，在妈妈们的热情支持下，刘肖一发不可收，直接出了一本书，名叫《爸爸哪儿也不去》——这是关于“真正陪伴”的极好范本。

当人们还在讨论着孩子应该由妈妈教还是爸爸教的时候，一个爸爸已经行动起来了，并起到了模范带头作用，这让很多家长都自叹不如。作为一个家长，刘肖绝对是比我成功的。我突然意识到，在教育孩子这个问题上，其实不在于教育孩子的事该由父亲做还是该由母亲做，而是教育者应该意识到自己的职责所在，积极主动地给孩子创设成长氛围。

尽管我是一名国家二级心理咨询师，自以为从书上和生活中学到了大量心理学的方法，也曾就支持孩子的命题查阅了中外文献的相关资料，可是“知道很多道理，却依然过不好这一生”——牛仔是我唯一的儿子，一遇见他，我的平常心和冷静就全部作了废。

像所有家长一样，我总是忍不住为一些现实生活中的问题着急，担心孩子的学习，监督他的成长，规划他的未来，可以说我为他操碎了心。我无时无刻不在焦虑，而且这种焦虑简直就是一条没有尽头的河流。

在为河南省教育厅诵读大赛担任评委的工作间隙，我问刘肖："如果时间可以倒流，你还愿意倒回去重新教一遍小石榴吗？"没想到，他真诚地看了我一会儿说："不愿意。如果我重新过一遍，可能还是一样地焦灼。"——焦灼！他居然用了"焦灼"这个字眼！别人一定会说，有这么一个优秀的女儿，骄傲还来不及，还焦虑个什么劲儿?！而我能够体会：人无完人，我们总希望孩子更臻完美，这是一条走不到头的路。所以即便是这样一位模范爸爸，这样一位让我们望尘莫及的爸爸在描述教育孩子的过程时，真实地使用了"焦灼"这一词汇。

在看这本书的你也在为教育孩子焦灼吗？我想问问，你看过几遍《正面管教》？看过几遍《接纳力》？看过几遍兰海博士谈孩子成长的节目《超级育儿师》？当然，看过与否不重要，我想更重要的是——请首先在脑中放弃做一个完美妈妈的打算。

我们谁都不完美，专业的育儿师也不完美，真实的我们要在成长中和孩子一起去感悟生活中的美好。也许恰恰是因为面对这些问题，我们才觉得生活有意思。

这些道理可能你早已知道，但是你亲身实践过吗？我们这本书中的所有内容都是家长们从一次次试错中总结出来的，也许你觉得道理浅显，但是看似简单的话语背后蕴藏着极深的道理和内涵。纵观古今，最有效、最实用的教养方式通常都是体验式的教养方式。

这些年里我听到太多关于家庭教育中的烦恼了，当我看到周围的同龄人越来越多地罹患各种各样的心理疾病，或者心急之下被困扰紧紧缠住时，我就总是想：我学过这么多心理学知识，也帮助过很多前来咨询的家长，为什么我不能更进一步，成为天下父母的一块垫脚石呢？“达则兼济天下”，既然我有一点儿能力，那么就应该努力让天下父母和孩子都更幸福一点儿，这是一种情怀，更是沉甸甸的责任。

于是，我先建起了真麻麻万人陪伴群，为广大妈妈提供了一个彼此观摩学习、交流经验、宣泄情感、寻找共鸣的场所。然后，我记录下教育孩子过程中的感悟，本书由此诞生。书不是万能的，但没有书是万万不能的，好比 10%和 50%都不是圆满，也都不是虚无，但总有一个会更近圆满而非虚无的。

育儿不能全靠书，可一点儿书也不看无异于摸着石头过河，不知深

真麻麻群每年要做 200 多场公益活动，这两张图片是我们组织的“捡跑活动”。“捡跑”是西方流行的理念，指边跑步健身边捡拾垃圾保护环境。

浅只好以身试水，可我们当然希望弯路走得越少越好。

“工欲善其事，必先利其器。”我认真地呼吁各位家长“放弃做完美妈妈”，但是我也希望这本书能让你向真实更靠近一点儿。完美是一盏至善的路灯，我们永远达不到，不必妄想走到它的脚边，我们顺着光自然走过去就好了。没有偏执，也就没有那么多焦灼和痛苦。

佛家讲“我执”，孩子拿不到一百分，就要去恨他吗？得之我幸，失之我命，再仔细想想，我们的执着有多少是没有必要的。

不妨用不一样的视角去看孩子，看那个天天生活在我们身边的孩子，那个曾经像小肉球一样的孩子，那个一天天长大的、眼睛萌萌的孩子，那个随着他的长大而问题越来越多的复合体。

扪心自问，我们有多少期待原本就是针对自己的？有多少是由于我们不能完成而又转嫁给了孩子的？有人说，我们自己不会飞，就非要让自己的蛋替自己飞吗？也有人说，儿孙自有儿孙福，你难道要把他复制成第二个自己吗？这太可怕了！

家长们总是给孩子们立下一条又一条规矩，《弟子规》《幼学琼林》《朱子家训》等，各种教孩子如何如何的格言警句层出不穷。但反观我们做家长的，有没有去给自己立下目标呢？承诺为自己的一切负责，承诺不做怨天尤人的家长，承诺不将自己过高的期望强加给孩子……

如果没有，我们的真麻麻群给你推荐一篇《父母规》。是的，万物都有两面性，有《弟子规》，自然也可以有《父母规》。

如今，我们不再是懵懂孩童，作为家长，我们迎来了新的第一课。我真诚地希望我们的《父母规》能帮助家长将“真陪伴，正成长”的理念带给孩子。

父母规

从此刻起：我要多鼓励、赞美孩子，而不是批评、指责、埋怨孩子。因为我知道，只有鼓励和赞美才能带给孩子自信和力量，批评、指责、埋怨只是在发泄我的情绪，伤害孩子的心灵。

从此刻起：我要用行动去影响孩子，而不是用言语去说教。因为我知道，孩子不光听我怎么说，更看我怎么做。

从此刻起：我要多倾听孩子的心声，而不是急于评判孩子。因为我知道，倾听才是最好的沟通。

从此刻起：我要无条件地去爱孩子本来的样子，而不是去爱我要求的样子。因为我知道，那是我的自私和自我。

从此刻起：我要学会蹲下来与孩子平等沟通，而不是居高临下地指使孩子。因为我知道，强制打压只会带来孩子更强烈的叛逆和反抗。

从此刻起：我要用心去陪伴孩子，而不是心不在焉地敷衍孩子。因为我知道，只有真正的陪伴才能让孩子感受到爱的温暖。

从此刻起：我要控制自己的情绪，和孩子一起安静、和平地处理好每一个当下的事件。因为我知道，脾气和暴力只代表我的无能和对孩子的伤害。

从此刻起：我要积极主动地处理好与爱人的关系，创造一个和谐的家庭环境，绝不让夫妻矛盾影响和伤害到孩子。因为我知道，只有夫妻关系和睦才是对孩子最好的爱。

从此刻起：我要让孩子长成他要长成的样子，而不是我期待的样子。因为我知道孩子并不属于我，他只是经由我来到这个世界，去完成他自己的梦想和使命。

■ 从此刻起：我要多为孩子种善因、行善事。因为我知道，种善因方能结善果，积善之家必有余庆，积恶之家必有余殃。

■ 从此刻起：我要通过孩子的问题，找出自己的问题，修正自己。因为我知道，孩子所有的问题都是我的问题，我是一切的根源；孩子只是我的一面镜子。

■ 从此刻起：我要成为孩子生命中最好的朋友，最亲密的伙伴，最慈爱的爸爸（妈妈）。

不会飞的鸡，请别让蛋飞。你看，它被你的期望值高高捧起，捧到不属于它的天空，最终是会坠下的，听见它磕在地上的声音，也是你心碎的声音。大地如此广袤，何必非蓝天不可？蛋是需要时间来破壳的，请用爱心与正能量陪伴它，慢慢孵化它、养育它。

糖豆罐子，是什么？

如果说书籍是精神食粮，那么绘本一定是小孩子最爱的糖豆。作为一个重视孩子阅读能力的妈妈，我在牛仔很小的时候就开始带他阅读绘本了。

因为绘本“糖豆”怎么吃也不长蛀牙，所以在孩子房间的书架上，我每隔一段时间就会添上几本绘本，满足牛仔阅读的愿望，牛仔也“吃”得津津有味。

在我们家，每天上学前、放学后、睡觉前，都是阅读故事的时间。我大概统计过，牛仔每天可以听到 6 个故事，每 5 天就可以读完一本绘本。对于这种故事，牛仔的胃口之大，实在是让我感到有点儿不可思议。

因为牛仔喜欢绘本，所以平时我给牛仔的日常奖励也是带他去书店买书。一进书店他就像一匹脱缰的野马，撒着欢儿地跑向儿童绘画读物区，甚至要生日礼物时也会说“妈妈，我要买绘本”。作为一个母亲，哪怕存着放任他快乐发展的心思，也是乐见孩子增长见识的。看到牛仔读书的劲头，我欣慰之余还有点儿紧张——做妈妈的我也得抓紧读书了，不能落后他太多！于是我们开始较量，特地每个月定期举行阅读大赛，牛仔的阅读量十次能有五六次是超过我的。

讲到这里，很多妈妈可能都会感叹：“为什么你的孩子那么喜欢读书，我的孩子一看见书就犯困呢？”

面对这些新手妈妈的疑问，我想郑重地说上一句：“没有不爱阅读的孩子，只有不会教的家长。”但这样简单一说可能不太具备说服力，所以我要抛下一枚“重磅炸弹”：牛仔原来也是一个不喜欢读书的孩子。

从牛仔能识字开始，我像所有家长一样，希望他能养成读经典的好习惯，我悉心地给牛仔制订了一个“经典阅读计划”，书目中包括很多我觉得有意思的书，无一不出自名家，无一不畅销百年。但是，理想很丰满，现实很骨感。很快，一声晴天霹雳把我从美好畅想中惊醒。我发现牛仔对这些书完全不感兴趣，一丁点儿兴趣都没有，甚至像喝中药一样，远远闻着味就开始抗拒。

看见牛仔总是简单地翻两下就将它们丢到一边，当时初为人母的我一颗玻璃心都快碎了。一是感到我的一片苦心落了空，二是我仍旧希望自己的孩子能在书香熏陶下成长。和所有孩子一样，相较于那些经典书，他明显对动画片和游戏更感兴趣。好说歹说都不行，即使是我强迫牛仔读书，他也并不太配合。

书，一本本地搁置在了书架上，买回来数十天的书，封面上落灰，里面每一页都是簇新的。我时常凝望着被牛仔打入“冷宫”的书，心里疑问的声音越来越大：“难道我的孩子是一个完全不爱读书的孩子吗？”

正在我一筹莫展之际，一次拜访拨开了困扰我已久的疑云。那天下午，牛仔在儿童文学作家优优博士的盛情邀请下，去优优博士家坐了一整个下午。当得知他们看了一下午书的时候，我以为他们在说谎——牛仔哪里是一个看得进书的孩子？

牛仔对我的质疑很不满，他告诉我：“妈妈，优优博士家里的书比你让我看的有趣多了！”果真，在经过一段时间对牛仔阅读兴趣的观察后，我发现他的情况远远不是之前我以为的那么简单。牛仔虽不喜欢读我给他准备的书，但是对于漫画这样的读物确实兴趣浓厚。

是我疏忽了，误以为幼小的孩子也能像成人一样，能强迫自己走入某些枯燥的书中世界，进而探寻丰富的人生智慧。经典虽好，却不是他们喜爱的“菜”，所以不能怪牛仔不喜欢读书，而是那些书根本不合他的口味。

为了让牛仔能够感兴趣，我除了找出他的兴趣点（他比较喜欢图片鲜亮、语言有趣的动物题材绘本），还从书店里数量繁多的绘本中挑出一些互动性较强的来满足他的新鲜感，以便持续吸引他的注意力。这样一来，牛仔不爱读书的情况大为改观，甚至还吵着让我“多买点儿，多买点儿”呢！

对于低年龄段的小孩子而言，图像是他们了解世界的最便捷方式。在大人看来简单易懂的文字，他们需要花很大的精力去理解、去体会，半天读不完一页。这就像我们刚刚进入一个行业，初级理论还没掌握全，就得成天处理高级别、高难度的工作，不出几天，耐心就全部消磨光了。因为我们的能力匹配不上相应的工作，所以会事倍功半，更会苦恼和懊丧。

大人尚且如此，那么小孩子更不用说，脱离孩子兴趣的阅读培养，只会适得其反。

我接触了太多望子成龙心切的家长，我发现：家长们都不愿意孩子输在起跑线上，所以在孩子很小的时候就开始通过阅读来训练孩子、提升孩子，哪怕效果并不乐观，也要强塞。强扭的瓜不甜，赶鸭子上架的“逼迫式”阅读怎么可能提高孩子的阅读能力?

兴趣是最好的老师，在孩子感兴趣的领域，他们就是大师。这种现象在日常生活中很常见，是人就有好恶，面对自己喜欢的东西，我们自然而然地会付出更多感情，投入更多精力，对它的专注和坚持比其他任何事情多得多。

有些家长为了提高孩子的阅读兴趣，买了上百本儿童故事书，下定决心每天带孩子看一本，让孩子从故事中找到兴趣，却发现孩子意兴阑珊、漫不经心，原本打好的算盘收效甚微，只得作罢。我们要意识到，兴趣不是家长的兴趣，而是孩子的兴趣。比起口含就能化开的糖豆，故事像一块饼干，有些孩子欠缺咀嚼能力，自然不能品出其中滋味。对于牙没长齐的小孩子们，“糖豆”绘本是最甜、最香、最合适的读物。

如果你也深陷在孩子不爱读书、不肯读书的烦恼里，不妨试一试给孩子奉上这一糖豆罐子——绘本。

在一次真麻麻群亲子活动的间隙，牛仔要求到阅读区去看绘本，他向我提了很多绘本中的问题。

为什么选择绘本?

不少家长觉得绘本的性价比很低，几十块钱花下去只有薄薄几十页，孩子没一会儿就读完了，而且怀疑："他真的能看懂吗？他真的在看吗？还是随手翻一翻？"

这恰恰是绘本的优势，它缤纷多彩不枯燥，简单浅显易理解，用它作为孩子的启蒙书再好不过了。如果把人的理解力比作一栋楼的话，家长们站在天台上俯瞰全城，风光尽收眼底，孩子待在一楼，只能看到极其有限的地方，这就是能力的差距。成长过程中，孩子不断爬楼，目光才渐渐放远，视野才慢慢拓宽。跟只看得到门口的孩子谈论城市边缘的景色，孩子能不一头雾水吗？而绘本刚好是一楼正对的风景，是孩子们切实能观赏到、感受到的世界。

绘本的好处不仅如前文所说，让我们看看它的其他妙用。

增强亲子交流，促进语言能力发育。读绘本不仅能让家长和孩子在阅读过程中进行全方位互动，促进情感交流，还能极大促进孩子语言能力的发育。反复阅读绘本会让孩子大脑反复接受刺激，在聆听的过程中快速提升语言能力。

学习生活技能，塑造性格。在绘本中，既有关于穿衣吃饭、洗澡刷牙等日常行为能力的教育，也有性格方面的教育。反复阅读绘本的过程，其实也是接受绘本中价值观教育的过程。在潜移默化中，孩子能养成不撒谎、爱分享、守时等良好的行为习惯。

读绘本是培养阅读习惯的开始。在孩子还没有建立起完整的日常语言体系时，阅读一般的读物是比较困难的。图画和简单的语句结合在一起的绘本恰好可以成为孩子阅读能力的一个跳板，一步一步地提升自己的阅读水平和理解能力，建立起最基本的语言转换结构。

培养专注力。一般来说，一个故事读下来的时间最少是10分钟。在这10分钟里面，孩子的思路要一直跟着绘本故事的节奏走，保持高度的专注力。如果孩子能够一直保持这样的专注力，到了上小学的时候，多动的状况基本不会出现。

睡前读绘本——孩子大脑开发最有效的方式

要想提升孩子的想象力、创新力、语言能力，读绘本的时间最好放在孩子睡觉前。因为，在孩子即将入睡的时刻，他的注意力最为集中，故事的内容也更容易深入儿童的脑部，也就是所谓“听进心里”。

此外，“听进梦里”可以说是买一送一的福利。科学研究，在孩子睡眠的过程中，他的身体会自动对睡前的记忆进行数据处理。在儿童脑部还没有发育完成之际，读绘本的睡前教育恰好有利于其健康大脑的形成，刺激脑部的发育，让孩子越来越聪明，真正在起跑线上迈开步子。

不同年龄段的孩子该如何选择绘本

根据年龄段和理解认知能力的不同，对于绘本的选择也各有差异。

1～3岁：在孩子的低幼时期，建议家长多选择一些互动性强的书。要给这个阶段的孩子打造良好的语言基础，可以选择一些具备简单故事情节的绘本。对于还没能完全开口说话的孩子，应该选择图片比例较大，内容为简单词汇的绘本，培养他们语言表达的基本逻辑。小卡片、贴纸都很适合这一阶段的孩子。书内的“小机关”还可以带给孩子惊喜，很能吸引他们的注意力，比如找到藏在小翻页下面的图画、摸到可触摸的凸起材质、翻到某一页突然在镜子中看到自己、按一按可以发出声音的部件等。

3～4岁：选择一些语言优美、想象力丰富的绘本。虽然孩子还没有完全认字，但是已经具备一定的语言基础，重点是培养孩子的阅读兴趣和阅读习惯，从“家长读”逐步过渡到“孩子主动去看”。

5～6岁：这个阶段的孩子已经掌握了基本的阅读能力，能够独立阅读绘本。尽管有些字可能还不会写，但是孩子已经能够将它们组合到一起。这个时候家长要注意和孩子进行语言交流，并且引导孩子大胆地把故事讲出来。

读多还是读少?

建议一个星期不要超过两本，但切记不要有硬性规定。

著名翻译家林文月和孩子有这么一段对话：

孩子问：“这个暑假，我想读《唐诗三百首》好不好？”林文月说：“当然好啊，但是千万别存心读完。”“哦？”“因为那样子会把兴致变成了负担。”

阅读绘本最重要的是培养阅读的兴趣和意识，而不是机械地完成任务。要想让孩子爱上阅读，领会到阅读的乐趣，最好还是不要强制规定数量。过于强迫的行为反而会让孩子从小对阅读产生逆反情绪，有压迫就有反抗，按照家长强制执行计划的阅读注定不会长久。

同时，阅读也是培养孩子专注能力的一种手段，多而杂的阅读反而会养成不好的阅读习惯，分散注意力。

怎样读最好？

在家庭教育越来越受重视的现在，科学的阅读方法可以让孩子在学习上取得事半功倍的效果，更能让孩子养成强大的思考能力。同样一本书，不同的阅读方法带来的收益也不同，有的孩子能记住80%，但有的孩子只能记住40%～50%。

阅读能力强的孩子一开始就已经赢在了学习的起跑线上，而让他们领先的助跑跑道则是由绘本铺开的。但看起来简单的绘本，想要读好它也并不容易。

真麻麻的几个建议：

要培养孩子的阅读兴趣，家长的引导至关重要。如果想让孩子在听故事的同时，能够对阅读产生兴趣，那么你需要经常和孩子一起分享读书的乐趣，而不是把这个乐趣当作任务。

分享阅读，让孩子参与阅读是最好的阅读方式。和他一起谈论书中的图画、重复常见词，一起变换声调（根据不同人物和心情改变声音）或语速来读，甚至一起讨论画面中的某个细节，父母和孩子在情感交流过程中产生的快乐，能让阅读变成一种乐趣。

陪孩子阅读时，要多和孩子交流，帮他把书里的内容跟生活联系起来。面对孩子的问题，要及时给出反馈，我们应该一边解答孩子的问题，一边推进读书过程，千万别说：“我们先把书读完再说。”兴趣正是由一点点的好奇碰撞产生的，而且把问题滞留到阅读后完成，孩子可能已经遗忘或失去即时产生的感受。孩子才是真正的读者，让孩子决定怎么读，父母跟随孩子的节奏，配合孩子的需求，孩子才能从读书中获得最大的乐趣，从而对书产生好感——这是早期建立阅读习惯最重要的一点。

在阅读中加入游戏的环节，能增加阅读的乐趣。偶尔在游戏中故意输给他，还能增强他的自信心。

在孩子的阅读过程中，家长的鼓励很重要。面对孩子荒诞的想法，先肯定他的想象力，然后启发他顺着思路把故事讲下去，激发他更多的想象力和满足感。

读最简单的绘本也有多种多样的技巧，所以千万不要小看孩子的启蒙书。只有掌握科学的方法，才能做出正确的决定。

当你带着孩子沉浸在故事的活水源头中时，这通常能够让人恢复生机与活力，而这些绘本里的故事也能够淌入他们的灵魂中，成为鲜活的、充满创造力的源泉。

白色糖豆：《小北极熊》系列

〔荷〕汉斯 · 比尔 / 著、绘

内容简介

小北极熊拉尔斯在充满爱和温暖的家庭中长大，对世界充满好奇，对友谊充满渴望。在一次次的探险中，拉尔斯收获了新的友情。爱的支持和友谊的陪伴给了他勇气和动力，使他不惧挫折，不断接受新的挑战。在一次次的分离与相聚中，小北极熊变得勇敢、自信、独立。

真麻麻点评

这套书文字比较多，适合大童看，不过小童一样会爱上这只天然呆的小北极熊。它除了告诉孩子小北极熊生活的冰天雪地和我们生活的世界完全不同，还告诉孩子什么是友情，最重要的是，它教给孩子勇气。

黄色糖豆：《你别想让河马走开》

〔英〕迈克尔 · 卡奇普尔 / 著 〔英〕罗莎琳德 · 比尔肖 / 绘

内容简介

“如果河马不想走开，你别想让河马走开——这点千真万确！”那么，丛林里的动物们该怎样让这只懒洋洋的河马从桥上移开呢？狮子、猴子还有疣猪，他们试着命令河马走开，把河马推开，甚至把河马弹开……都没有成功，但是一只小老鼠却找到了能让河马走开的秘密钥匙！那会是什么呢？

真麻麻点评

礼貌待人有神奇的魔力。河马拦在桥中央，无论是威猛的狮子还是聪明的狐狸，都没办法让它挪开，可是小老鼠一句话就让河马离开了，这是一句什么话呢？通过简单的故事，告诉我们的孩子，知礼学礼很重要，我们的生活中不需要"以暴制暴"。

绿色糖豆：《田鼠阿佛》

〔美〕李欧·李奥尼 / 著、绘

内容简介

小田鼠们都在忙着为过冬采集食物的时候，田鼠阿佛却独自坐在一旁，他告诉大家，他也在工作，只不过在采集另外一些东西——阳光、色彩和词汇。

冬天漫长而寒冷，慢慢地，食物被大家吃光了。这时，阿佛拿出了他采集的那些东西……

真麻麻点评

这是一只特立独行的田鼠的故事。这本绘本尊重个性，适合用来鼓励那些胆小、没有主见的孩子学会认同自己、相信自己。

真后悔掐死了孩子的沟通欲

牛仔刚上小学的时候，是一个“受气包”。每天一回家，他就跟我讲，某某动了他的笔盒，某某把他的水杯摔了，某某在他回答问题的时候嘲笑他，好像他在学校光受气了。总之，让他不开心的事情好像天上的星星，大白天看不见，一到晚上就总也数不完。

忙碌了一天才到家的我本就十分疲惫，满脑子里想的就是爬到床上睡个天昏地暗。这个时候，牛仔的小喇叭电台就开始播音了，我在听他说这些破事的时候，恨不得立刻找两团棉花把自己的耳朵给堵上，所以从头到尾，我也没搞清楚他想讲些什么，只是觉得聒噪。

有时候，我躺在床上，他就趴在床边给我讲一些过去很久而且鸡毛蒜皮的事情。我一下就急了，问：“你究竟想说什么？能不能好好说？”这样说完，牛仔就有些不高兴了，也许是觉得我不理解他，所以不愿意跟我说了，这导致我再怎么问他也嘴巴紧闭，就是不肯透露一点点风声。这一下，我彻底睡不着觉了。

难道孩子真的变成了传说中那种“易激惹”的孩子吗？难道他真的不会处理同学间的关系吗？

后来的一段日子里，牛仔很少跟我讲他在学校里发生的不愉快。起初，我以为是他终于想开了，变得大度起来。但又过了一段时间，我发现牛仔放学之后，无论当天顺心与否，再也不主动跟我谈论在学校发生的事情了。我有时候主动去问他，他就摇摇头，好像什么事情都没发生过一样。我这才意识到，我和牛仔之间的沟通出现了问题。

真相并不是他在学校里一直顺心如意，而是他觉得妈妈不理解自己，所以发生了什么状况都不肯跟我说。想到这里，我心里更着急了，因为我明白亲子之间代际沟通的重要性，五六岁的孩子，如果现在就关闭了和家长沟通的通道，我不敢想象再过几年到了青春期，他的心理状态会变成什么样。

我主动找到牛仔沟通："牛仔，为什么你在学校发生的事情都不跟妈妈说了？是妈妈哪里做得不对吗？"牛仔回答我的时候语气有些愤怒："你都不帮我说话，每一次都忙着批评我，一点儿都不关心我！"

听到这里，我真的汗颜了，回想起来自己的确有些时候将情绪转移到了孩子身上。每当牛仔开始跟我讲在学校里跟同学发生的矛盾时，我都先入为主地、习惯性地在心里有了评判，下意识地觉得牛仔是错的，认为一个五六岁的小男生不会遇到什么真正烦心的事情，更甚的是，我还会误解他的品行，认为他没有男生应有的洒脱与大度。如此这般，孩子的话还没说完，我就开始琢磨着怎么教育他了，说的话也没有照顾孩子的自尊心。牛仔觉得自己在学校受了委屈，满以为家长能够站在他这边为他说话，结果扑面而来的全是批评。谁被批评都会不乐意，更何况是心智尚未发育完全的孩子。

作为家长，最忌讳的就是没听明白孩子的话就忙着进行道德批判，并在心里给孩子定性，长此以往，亲子之间的沟通自然不可能顺畅，两代人之间的隔阂也只能越来越深。

我痛定思痛，好好反省了自己平日的糟糕态度，并下决心要改掉这种不对等、不健康的交流形式。我想要弥补和牛仔之间的交流差异，于是我给他讲了《魔女与镜子》的故事。

从前，有一个住在城堡里的魔女，长得不漂亮还特别臭美，喜欢照镜子。魔女对自己的容貌要求特别特别高，对镜子里面的自己都不满意，一会儿嫌弃镜子里的人鼻子不够高，一会儿嫌弃镜子里的人腿太粗。她每看到一面镜子都气得把镜子砸掉。到最后，镜子的碎片铺满了整座城堡，堵住了出去的路。城堡里再也没有一块完整的镜子能让她看见自己长什么样子了。

讲完之后，我很诚恳地跟牛仔说："这个故事不仅是讲给你听的，更是在讲给我自己听。从前，妈妈就像故事里的魔女一样难以认清自己的问题，而且很少去体谅你，当你遇到问题的时候也多在指责你。我知道你一定有自己的想法，很多时候也并非是在斤斤计较，但是妈妈没有给你一个说出来的机会，也没有站在你这边，以后妈妈不会这样了。我知道你是一个善良的孩子，从不会主动伤害别人。但妈妈还是希望你能主动找出自己错在哪里，同样也学会理解他人。我始终相信，你是个好孩子。"听到这些话，牛仔主动抱住了我。

我年轻的时候爱看一本书，叫《男人来自火星，女人来自金星》，讲的是男女之间的沟通差异。孩子与大人之间的差异，比火星和金星之间的距离还要远得多，并且更容易出现问题，因此更需要我们精心维护关系。对于家长来说，孩子虽然很熟悉，却又真的貌似来自遥远星系的外星人。

因为职业身份，我接触过很多父母，发现他们大都担心孩子的表达问题，很多时候，因为思维和表达上的差异，常导致双方沟通出现问题。

在这些案例中，固然有一部分孩子因为表达确实存在问题，不能准确谈论自己的想法。但更多的不愉快，其实是由于两代人之间交流不顺畅导致的，父母完全不理解孩子的表达方式，孩子也听不懂爸爸妈妈的交流语言。其实很多时候，从孩子的角度出发，换一种沟通方式，反而会更恰当。

现在，牛仔每天从学校回来，都会主动跟我讲学校里发生的各种事情，包括学习上的烦恼、和同学的矛盾。我也会尽量站在他的角度去开导他，引导他理解别人，正视自己的错误。这一切问题在沟通面前都不再是问题。由此我更深切地感受到，与孩子高效沟通才是整个养育过程中一直都要学习的事情。

还有一件事情，可以反映出孩子和家长之间存在的差异。

有一天晚上，回到家的我已经精疲力竭。但儿子放学比较早，我很好奇他一个人在家会干什么，于是我悄悄推门进去，只见他在厨房里把放面粉的盒子打开，正在抓里头的小虫子呢。夏天天气热，面粉生了虫，他就把那些小虫子捉到玻璃杯里扣起来。看他入迷的样子，想来也是玩了有一段时间。

我当时下意识地想："这些小虫子虽然偷吃我们家的面，但好歹也是无辜的生命，孩子的行为不就等同于杀生吗？这孩子怎么能把这么残忍的事情当游戏呢？"想到这里，我的心里一紧。着急的我本想立刻上前制止他，但是突然转念一想，他毕竟还是个孩子，善恶观念也不成熟，我的反应如果太激烈反而会给他留下不好的印象，这次只让他明白自己错在哪里就行。于是我选择按下心中的愤怒，心平气和地问他："牛仔，你为什么要这样做，虫子在玻璃杯里不难受吗？"

接下来，牛仔的话让我震惊了！他睁着一双萌萌的眼睛看着我说："妈妈，这些虫子到处乱飞，多烦人啊！可是我觉得它们飞出来是因为放面的盒子里没有空气，它们出来是找空气的，而这个杯子里面的空气就像氧气瓶，足够它们用了，它们吸得饱饱的就不会在屋里飞来飞去，这样你也就不烦了吧？”

在对小孩子的天真感到哭笑不得的同时，我不禁感慨孩子的宅心仁厚，但同时我又一阵后怕。如果我一门心思认准了孩子没有善恶的观念，不分青红皂白上去就是批评，不敢想象这会给孩子带来多大的心理伤害。

真麻麻小课堂

成年人和小孩因为在知识和经验上存在差距，所以说话的方式不尽相同，看待问题的角度也不同，做事情的方式更是天差地别。很多家长在教育孩子的时候，往往会试图用成年人的观念和方式去和孩子沟通，结果就会导致交流困难。

爸爸妈妈想要顺利地和孩子们多沟通，必须先努力去理解孩子的想法，而在理解之前要学会发问和倾听。责备的语气只会适得其反，多从关心的角度去处理问题，才能在家长和孩子之间建立认同。我的建议是：跟孩子说话，不要过多使用"你信息"，因为对孩子过多指责，势必会造成孩子无法真实表达情感，引起强烈的反效果。

什么叫"你信息"？比方说，我们经常在饭店里看见孩子们疯狂奔跑，有的家长要么不管，要么就跟在后面大喊："怎么搞的？你们疯跑真是没有教养！""哎呀，烦死了，你们别跑了！"还有的家长甚至会说："再这样跑，以后永远不带你出来。""你"或者"你们"这样的词汇，在情感上明显给人一种生疏的状态，有意将孩子和自己撇开关系。从这样的情感出发，家长不仅有逃避责任的嫌疑，而且没有从孩子的角度去劝解孩子。

有的家长是给孩子贴了一个负面标签；有的家长很无奈，完全没有办法；而有的家长明明不可能做到永远不带他们出来，所以这种话说了毫无意义。这种家长发脾气的情绪远远大于制止孩子的想法。这三种家长与孩子的沟通方式不仅不礼貌，而且效果也都不理想。

如果把这些话用"我信息"重新表述一遍，情感上就会很不一样："哎呀！妈妈看你们跑来跑去，好担心。""饭店里人来人往，服务员端着汤，万一烫到你们，妈妈会很难过的。"

你看，同样的意思，只是因为主语不一样了——当主语是"你"，我们就容易指责，孩子没有办法感受到能量，产生逆反心理，情况越来越糟；主语是"我"，孩子不但不会叛逆反抗，还会产生帮助爸爸妈妈的念头，可以平静地听你说话。在"你信息"中，大部分是让人觉得不能接受的命令，而在"我信息"中则包含着请求、关心等意味。

"我信息"一般分为三步。

只讲事实不批评。比如说："你在餐厅里跑来跑去，妈妈叫你停，你也不停……"

说出妈妈心中的真实感受。比如说："妈妈很担心你被服务员端着的汤烫着……"

讲出原因。比如说："因为我不知道你会不会躲避啊……"

孩子如果跟这样的爸爸妈妈沟通，就不会沉浸于自责中，也不会不知道从哪儿下手去改正自己的错误。看到爸爸妈妈愿意流露自己的真实感情，那他就会觉得爸爸妈妈需要我帮助，这样他就有了责任感。我们要做的是让孩子减少罪恶感，增加责任感，从被动转向主动。

天下的孩子都是希望爸爸妈妈轻松的，没有人天生是要让爸爸妈妈烦恼的，所以为了让孩子主动改变自己的行为，爸爸妈妈需要告诉孩子问题究竟出在哪儿，指出了问题之后，通过沟通逐步去引导孩子改正问题。

橙色糖豆：《大熊有一个小麻烦》

〔伊朗〕米兰弗特毕 / 著 〔德〕沃琪顿 / 绘

内容简介

这是一个关于友情和倾听的故事。有一只大熊总是对大人说："我有一个小麻烦，我能不能……"可是，没有一个人愿意花时间来听听他要说些什么，大家只是凭着自己的感觉去猜测大熊究竟需要什么。

就在大熊几乎再也没有勇气开口说话的时候，一只不起眼的小苍蝇出现了……

真麻麻点评

这本图画书的图画具有强烈的现代感，生活场景细节化的处理拓展了故事趣味，又进一步拉近了读者与故事的距离。绘图风格与故事主题一样，充满了浓郁的生活气息，生机勃勃。这是一本帮助家长和孩子学习倾听的优秀图画书，适合亲子共读。

红色糖豆：《我爱你》

〔日〕宫西达也 / 著、绘

内容简介

很久以前，恐龙们住在世界的各个地方。

住在北方的恐龙和住在南方的恐龙完全不一样，颜色、长相，甚至说的语言都不一样。住在北方的霸王龙在下雪天里找不到吃的，饿得实在不行了，被一只它蓓翼龙骗去南方……

真麻麻点评

这是日本绘本大师宫西达也创作的一本绘本，他用故事向孩子讲述人与人之间的心灵沟通，温馨的语言和画风让孩子和家长之间的沟通没有障碍。

我喜欢这种色彩丰富的书，在孩子的世界里，感情也是充满色彩的，不知道家长能不能够把孩子的情绪全然接纳，就像接纳五颜六色的生活一样。

绿色糖豆：《你看起来很好吃》

〔日〕宫西达也 / 著、绘

内容简介

很久以前，在一个晴朗的日子里，山嘭嘭嘭地喷火，地咚咚咚地摇晃。这时，甲龙宝宝出生了。一天，甲龙宝宝遇到了一头霸王龙，霸王龙流着口水，想要猛扑过去。就在这时，霸王龙忽然听到一声〝爸爸〞，原想吃掉小甲龙的霸王龙被小甲龙的一句〝我想早点儿长得像爸爸一样〞激发了心底的柔情，从而改变了小甲龙和霸王龙之间的关系。爱和善良使小甲龙多了一个朋友，少了一个敌人。

真麻麻点评

这是宫西达也最负盛名的绘本之一。小甲龙与霸王龙之间感人的亲情让人为之动容。孩子在听故事之余，更可以潜移默化地体验到爱与被爱的快乐、人与人之间交往的真谛。

生活是由细节构成的，也是由绵软的话语构成的。很多人的生活过得越来越乏味，是因为只说了有用的话，缺少无用的话，而恰恰是那些无用的话，才会让生活充满乐趣。

早餐是一场爱的朝拜

自真麻麻群建起来之后，越来越多的妈妈聚集于此。我发现妈妈们彼此倾诉时，像找到了一个传说中的心灵树洞，尽情地坦陈自己生活中的不快。

在微信群这个“树洞”里，充满家长们抱怨的声音，每一个妈妈心里都装着孩子的“七宗罪”——诸如和孩子相处不愉快、对于孩子学习进度的焦虑、与孩子情感沟通的不顺畅等。这样一来，妈妈们心底的负面情绪在低迷的氛围里发酵，即便有来自他人的劝慰和安抚，也缓解不了心底的焦虑。我仿佛看见妈妈们走入一片沼泽，奋力挣扎，却依旧改变不了渐渐被吞没的命运。

有一位妈妈泄气了，她告诉我：“陶老师，我被打败了。我每天想尽办法地给孩子解决麻烦，我也不止一次地向你和其他家长问计，可为什么我觉得情况没有一点儿改观？无论我怎么努力，麻烦仍然无穷无尽，它产生的量比我能解决的量总是多一点儿。”

是的，每天都有很多家长找我谈论自己家庭教育中出现的问题，问题多种多样，解决的方案也是五花八门。但是，总是有一种麻烦越来越多、永远也解决不完的感觉。

我的老师杨瑛是一位教育专家，他为此告诉了我一句话：“拔草永远比不上种花。”杂草自然而生，鲜花则需培育。园子里但凡有土壤，哪一天不会长出新的杂草呢？拔草是苦活，拔完瘫坐在地，气喘如牛，没有多少快乐，只有提心吊胆，怕它随时又长出一片；种花是闲趣，花开时，我们的付出和汗水有了回报，有了价值，它催生出了灿烂的鲜花。如果要把孩子的心当成这块田地，那么教妈妈们如何弥补亲子关系出现的裂痕、解决家庭问题不就是在拔杂草吗？面对拔不完的杂草，她们的懊恼可想而知。

妈妈们需要学会种花。因为问题是解决不完的，今天的问题解决了，明天还会有。正如杂草今天拔完，明天还会长。毁灭不如创造，治标更要治本。当我们不是怀着干活儿的心情，而是以一份期待美丽的心情种下花，把荒草地翻新成花圃，这里只有百花争艳，哪里还有杂草的影子？

我经过反复思考，“种花”在现实生活中的体现莫过于带大家开展一些非常有料、有趣的活动吧！

我通过长期观察发现，很多家长不太擅长表达爱。于是，无论在什么场合讲课，我都要给大家分享爱的五种语言。这五种语言分别是肯定的言辞、精心的时刻、礼物、服务的行动、身体的接触。

人的接受偏好不同，很多人与家人生活了很久，却不知道对方乐意接受什么形式的爱，甚至自己喜欢什么形式的爱也不明白。所以，家长当中有很多人并不知道如何去表达爱，在“说”爱的时候往往成了哑巴，家中爱的氛围不浓厚。如此环境下，要想种花好比是盖空中楼阁。

通过学习，大家知道爱是通过这五种不同形式的语言互相传递的，在传递的过程中就很容易形成爱的氛围。我觉得需要设计一些有意义的家庭活动，让家里被爱的氛围包围，我们一呼一吸都能感受爱的馨香。

不知道读者们有没有看过李安导演的《饮食男女》，这部电影中的父亲老朱是一位每周末等待三位女儿回家吃饭的退休厨师，他丧失了味觉，却依然不愿放弃那一顿丰盛的晚宴。女儿们抱怨咸了、淡了，父亲仍然无动于衷，雷打不动地勒令她们来吃这一顿饭。

其实父亲何尝不知道自己的手艺已经渐渐退化了，他在家里一丝不苟地做着这些精美食物，无非就是希望家庭和谐幸福，这是一颗父亲的心。

我一直都认为家庭的文化氛围，就在食物与人之间传递着。这种独特的富有仪式感的氛围，恰恰是整个家庭的核心凝聚力。中国丰富的饮食文化指向的正是幸福的奥义，川湘粤鲁等八大菜系，都离不开一顿团圆饭。

我出生在一个注重吃的家庭里。我记得爸爸妈妈健在的时候，大冬天围着煤炉吃大锅涮羊肉，大夏天邻居都爱到我家喝冰镇绿豆水。我们姊妹三个即便是结了婚，每到周六都要回父母家，争相做出一桌好吃的饭菜。

记得二姐嫁给二姐夫之前，爸爸妈妈考核二姐夫的一项重要指标，就是希望二姐夫能够做20道菜出来。二姐夫会踢足球，曾经出国踢过比赛，是我眼中的运动健将。让他这个“粗汉”做菜可真是难住他了，但为了让我们一家吃到他亲手做的菜，二姐夫果真跑到食堂去学习，我们惊讶不已，也由衷为二姐高兴。最后，在大年三十的晚上，二姐夫大显身手，一口气做了20多道菜。那顿饭至今让我记忆犹新。

现在我越来越理解，爸爸妈妈是在用别样的方法考验女婿，看女婿是不是愿意为了他们的女儿走进厨房。大姐夫也接受过爸爸的考验，爸爸说当年考察大女婿的时候，就是站在旁边看他会不会切土豆。这些故事曾让我笑掉大牙，如今每每回想，却觉得无比温馨而美好。

饮食很重要，一日之计在于晨，早餐更重要。现在很多年轻家长图省事，每天的早餐只给孩子买牛奶，吃面包，让孩子凑合着过。越来越多的家长给孩子一点儿钱，让他下楼到外面自己吃早点。

我总觉得，家应该有家的味道，那就是妈妈做的饭菜的味道。虽然我的妈妈离开我很久了，但我依然会想到妈妈做的麻婆豆腐和红豆小豆包。妈妈做的菜，一直伴随着我们的成长，在味蕾和心间留下了不可磨灭的印记。

想到就做，于是我和群里的妈妈们商量，开展一个有关“爱的仪式”的活动。而这个爱的仪式，就从做早餐开始。我们发起妈妈一百天“爱的早餐”打卡活动：在这一百天里，每天的早餐争取不重样，而且还要色香味俱全，一定要亲手做，才能体现心意。

我原本以为这么高难度的事情会让妈妈们望而却步，谁知提出这个建议之后，群里的妈妈争相响应，朋友圈里各色爱心早餐看得我食指大动！群里一个叫邓连杰的妈妈是位在单位食堂工作的营养师，她率先给我们排出营养早餐的一周安排表。

于是，每天早上 7 点半以前，妈妈们开始争相做早餐，逐一在群里晒早餐。这一个小小的爱的仪式，既增加了家庭的凝聚力，也唤醒了妈妈的母爱意识。要知道，许多 80 后妈妈原先根本不会做饭，可是为了爱，为了孩子，她们愿意学着做饭，甚至学会了和家人一起为自己的饭菜做“饭模儿”。

“饭模儿”，顾名思义就是给亲手做的早餐当模特儿。每个妈妈都喜欢端着自己做的早餐，在自己做的一桌饭前照个相，将这份记忆和感动记录下来。

出乎意料的是，很多原本不会烘焙的妈妈看着别的妈妈烤出香软的甜点，心痒之下自己跑去买了面包机、蛋糕机或者是烤箱，一下子变身家庭的西点大厨，让奶香和蛋香铺满餐桌，改变了全家人的生活。

我更没想到的是，如今我自己也陆陆续续做了1000多天的早餐了！有时我也想偷懒，心里有个诱惑的声音回荡："就休息一天吧！"那就休息，因为不愿意做的时候，敷衍的饭菜不可能香。工作和心情调整好了接着做，不牵强、不为难，每次做早餐都像在进行艺术创作，需要用心投入。

出门遇见熟人，常听见他们说："哎，我看见你做的早餐了。"每当听到这样的话，我不免在心中有一点儿得意和窃喜，因为我都想不到，这么忙的我竟然能够做到。

古语有云："一日为善易，一世为善难。"坚持做一件事很难，坚持做让自己保持幸福的事更难。做早餐是每个妈妈都要面对的生活小事，但我们不要像除草一样应付一顿早餐。我们用弯弯的香蕉摆成月牙、椰子树，我们把每碗白米饭都做得像笑脸，金黄的鸡蛋像花朵绽放，要让温热的牛奶浇灌自己和孩子的心田。

爱的仪式就这么简单，像教徒的虔诚朝拜，只不过我们的神龛上供奉的是爱与幸福。我们可以不相信神灵，但是生活值得我们相信，早餐就是一场我们感谢生活的爱的朝拜。

牛仔很喜欢在小伙伴面前炫耀他有个好妈妈，这与给他奢侈的花销无关，与给他买昂贵的玩具无关，仅仅是最淳朴的用心和爱——他的妈妈连续1000多天给他做丰盛的早餐。这是怎样一份满足啊！当人们都为金钱和权力拼得头破血流时，殊不知爱也是一种资本。每当牛仔炫耀他富足的爱时，我的笑容都会悄悄爬上嘴角。这是一份难忘的回忆，当我老了，牛仔长大了，他也会为心爱的人献上香喷喷的早餐。

这么美好的事情，我们当然会带着享受继续做下去！

在真麻麻群里，我和群里的妈妈们商量，发起了一场有关『爱的早餐』的打卡活动。原本打算晒早餐100天，不知不觉如今我已经坚持打卡一千多天了。

爱是一种仪式，所以有结婚纪念日，有生日，有烛光晚餐等。大到庄重的宴会，小到饭后的散步、早晨的一句问候、晚上入睡前的互道晚安，仪式感体现在家庭生活中的方方面面。仪式感不仅能带给孩子关于家的归属感，更能给孩子的身心注入足够的安全感。

童话《小王子》里说，仪式感就是使某一天与其他日子不同，使某一时刻与其他时刻不同。那么在平淡的生活里，投下一块仪式感的石子，泛起的涟漪会让你分外铭记。哲人说，人因平凡而伟大。我们的仪式感则见证着这些伟大。

仪式感的创造首先需要一些外在表现形式，例如年轻人从谈恋爱到结婚成家，需要一场庄严美好的婚礼，此后每年的结婚纪念日都需要被记起并认真对待。

【真麻麻有话说】

陪伴是最长情的仪式

1. 爸爸妈妈给孩子的仪式，可以是每天出门前的拥抱，是临睡前的一句晚安、一个故事。

2. 在孩子过生日时，为他举办一个有仪式感的活动。

3. 别缺席那些对于孩子来说充满仪式感的活动，比如家长会、亲子运动会、汇报演出等。

4. 设定你们的专属秘密。可以和孩子约定一些秘密的暗号，有意或者无意地创造专属家人之间的秘密肢体动作，或者秘密沟通方式，让孩子感受到“秘密”的神秘和独特。

5. 如果有条件，父母和孩子一起吃每一顿饭，即使忙碌也尽量抽空安排和家人的用餐时光。用餐之前摆放碗筷桌椅都可以让孩子来做，让碗筷各就各位，以及饭后收拾碗筷。

6. 每天拍一张很美的照片。

7. 每天记录一个触动你的瞬间。

8. 关掉电视，放下手机，一起暂时与外界隔离，创造出封闭和紧固的家庭私密空间，来一场促膝茶话会。互相说说彼此的事情，让孩子学会倾听与倾诉，学会分享与分担。

9. 给孩子的成人礼寄一封信。写下孩子过去每一年的成长，记下一路走来身为父母的心情，等待成年时一并交给他，拍拍孩子肩膀，说一句：“现在你已经是个大人了，以后的路要自己好好走，我们把过去的孩子和未来的孩子都交给你，加油！”

仪式感的存在，就是把每一天变得特别，让下一秒难以琢磨。哪怕我们过着重复的生活，也有惊喜的仪式感把日子绘出色彩，让人生之书的每一页都独立成篇又交相辉映。

请千万让生活成为生活，而不仅仅是生存。把这句话教给你的孩子吧！用你的方式坚持一种爱的朝拜，无须考虑简单还是复杂，只需一如既往地坚持就够了，你可以做到，也会收到惊喜！

绿色糖豆：《完美的父亲节》

〔美〕伊芙 · 邦廷 / 著 〔美〕苏珊 · 麦道夫 / 绘

内容简介

苏茜为了给爸爸一个难忘的父亲节回忆，就带爸爸去餐厅吃午饭，又一起去公园玩耍。爸爸发现，苏茜让这特别的一天充满了乐趣。回到家后，妈妈最后的惊喜让这一天最终以完美收场。

真麻麻点评

相较于母亲节，父亲节在中国并没有受到更多重视。所以，不妨咱们自己先重视起来！如此看来，这个父亲与孩子之间温馨幽默的亲情故事显得弥足珍贵。

白色糖豆：《月下看猫头鹰》

〔美〕珍 · 尤伦 / 著 〔美〕约翰 · 秀能 / 绘

内容简介

在一个无风的隆冬夜晚，爸爸带着小女孩一块去拜访森林里的猫头鹰。月亮高高地挂在天空，空荡荡的雪地上，爸爸和小女孩如置身于梦境般的宁静中，悄悄地追寻着猫头鹰的行踪。这一段冒险究竟会发展成什么样子？他们能否找到向往已久的猫头鹰？

真麻麻点评

月光下一段短暂的雪夜旅程，不但展现了一对父女的浓浓情意，还细腻地刻画了小主人公从期待、不安、紧张到喜悦的心理变化过程。人生本来就是一段奇妙的旅程，旅程中的每一次全情投入都值得纪念。

红色糖豆：《团圆》

余丽琼 / 著　朱成梁 / 绘

内容简介

大年三十是我们这个民族最持久的记忆，而团圆则体现着人们无数内心情感的诉求。

真麻麻点评

这就是爱的仪式在绘本中的体现，将民族传统文化、现代生活内涵、儿童心理融为一体，也是中国人最喜欢的圆融。

第
二
章

CHAPTER 2

妈妈要观察

要做一个真妈妈、好妈妈，没有一双火眼金睛是不行的。就像孙悟空取经路上降妖捉怪，没有火眼金睛，认不清谁是妖怪谁是好人，能行吗？当然不行。做妈妈也一样，你看不见真的孩子，就做不了真的妈妈。看见真的孩子靠什么？一双善于观察的火眼金睛呀！孩子表现的是现象，你要能够透过现象看本质，在问题萌芽阶段就能发现，通过萌芽看到它疯涨后的模样，找到最有效的方法实践，即便错了也不气馁，因为真妈妈是通过真孩子修炼而成的呀！

孩子真的没有时间观念啊！

不知道珍惜时间，做事总爱磨蹭，这是许多孩子的通病。往往爸爸妈妈们焦头烂额，孩子却依旧不紧不慢，这不能称作处变不惊，只不过是懒惰和没有时间观念罢了。

就拿牛仔来说，这样的对话经常在我们家出现："牛仔，赶紧去洗手，咱们马上准备吃饭。""好的，妈妈，我知道了。"可是5分钟、10分钟过后，他依然玩得忘乎所以；我叫牛仔要准时起床，他却总爱翻个身就又睡着，频频迟到。管教得多了，他又学会了在时间上跟你讨价还价，说好只玩10分钟手机，过了时间他却丝毫没有放下的意思，你提醒时间到了，孩子也和没听见一样，说"再有两分钟就好了"，全然不顾自己的"承诺"，还将敷衍之词用到了登峰造极。

牛仔8岁生日的一大早，闹钟已经响了，可牛仔就像没听到一样依旧闷头呼呼大睡。我在走廊上走来走去，想看看他到底会不会自觉起床洗漱。事实证明，我还是低估了孩子拖拉的能力，他无动于衷，丝毫没有起床的打算。我终于忍无可忍，大吼一声，牛仔这才大梦初醒，然而当他看到时钟才指向6:50时，嘴巴一撇，又气哼哼地嘟嘟囔囔，洗漱完毕后连饭都没吃就背起书包冲出了家门，临走了还扔下一句："什么妈妈啊？！"听完他对我的评价，即使明白是在气头上说的话，但我依旧觉得委屈。

我每天不到 5 点就爬起来，害怕把孩子吵醒还轻手轻脚地做早饭，并且特意调整闹钟就为了让他多睡一会儿，怎么就成了孩子嘴里的坏妈妈呢？我细细思索，归根结底，还是我对于他的时间管理教育不到位。

所以从那时候起，我开始有计划地转变对牛仔时间管理方面的教育。经过我的认真辅导之后，牛仔不仅学会了生气的时候用“我”信息和别人沟通，而且也没再为早晨起床的事儿跟我发生冲突，偶尔因为懒散导致我批评他的时候，他也能心平气和地接受行为结果。“没头脑”总算是不再惹恼妈妈了。发生转变的根本原因就在于我采用了一整套严谨科学的时间管理教育方法，让孩子生活作息更规律。

能合理安排时间的孩子总是能够在规定的时间内完成任务，通过训练，牛仔的时间管理能力有了明显的提升。

美国一项权威研究表明，儿童时间管理能力直接影响孩子学习和效率。能合理安排时间的孩子总是能够在规定的时间内完成任务，主动做作业，效率高，成绩好；而不会时间管理的孩子自制力差，做事慢，成绩糟糕，情绪低落，容易自卑。如果孩子始终甩不掉拖拉磨蹭的蜗牛习性，就将一步步陷入恶性循环，只能步步落后，甚至可能一辈子都碌碌无为！

世界管理大师德鲁克在商业计划上提出了一条 SMART 原则，在时间管理上同样有着很重要的指导作用。

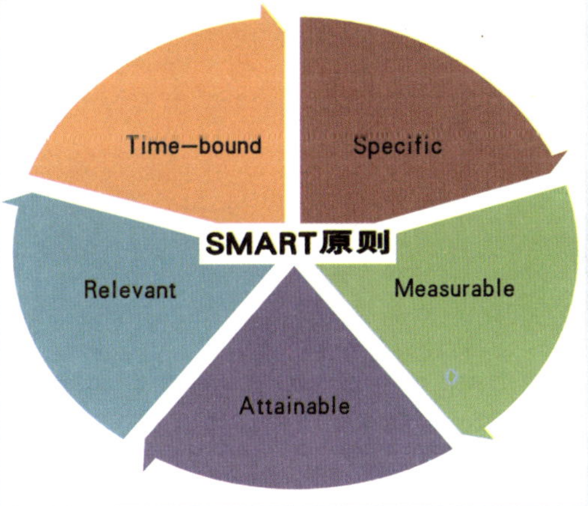

1.Specific：必须要有明确的目标。绩效指标必须是具体的。

2.Measurable：目标是可以量化衡量的。

3.Attainable：目标是在能力之内能完成的。

4.Relevant：要达成的目标必须与其他目标有一定的相关性。

5.Time-bound：绩效指标必须具有明确的期限。

无论是在商业计划上，还是日常的时间管理，这 5 项基本原则缺一不可。在时间管理上，根据这 5 项原则，又衍生出 6 大基本特征。

明确性

在规划时，家长首先要明确自己对孩子的期望是什么，为了实现你的期望，应该的做法或者关键路径是什么。

明确标准

家长在给孩子制定任务清单、规划时间行程的时候，要清楚自己想达到什么样的效果。孙子曰："谋定而后动，知止而有得。"将这句话应用到儿童时间管理上，再合适不过了。

明确目标

不是着急行动，而是考虑周全后再行动，并且知道在合适的时机收手，取得阶段性的成果之后再次出发，逐渐升级新的阶段目标，重复相关流程，这样才能实现家长的终极目标，也就是对孩子的期望。

衡量性

基本的量化是达成目标的基础。如果你连孩子一个小时最多能完成多少作业都不清楚，能达到的限度是什么，一天有多长的时间能用来学习，那么制订计划也就无从谈起。

我在家里的每个房间都装上了一个最简洁的时钟。起床的时候我告诉他现在是 6:50，你能在 7 点前穿好衣服起床吗？你有 10 分钟哦！一开始牛仔并没有 10 分钟的概念，但是一周以后他就知道 10 分钟能刷完牙，洗完脸，20 分钟可以吃完早餐……在每天不断重复的过程中，牛仔对时间和任务有了初步的了解。

可实现性

有些家长经常会给孩子制订一些不能实现的日常计划，比如一天三分之二的时间用来学习、排满各种课程，这样一下子就让孩子们丧失了履行计划的动力和勇气。还有的家长甚至会采用一些强制手段，一厢情愿地把自己制定的目标强行压给孩子，而孩子则会表现出心理和行为上的抗拒，最后事倍功半。控制型的家长喜欢自己制定目标，然后交给孩子去完成，他们不关心孩子的意见和反馈。这种方法越来越没有用，因为现在孩子的自主性、性格张扬程度远远超出以前。因此，家长应该更多地邀请孩子参与日常时间管理的过程中来，让他体会到自我管理的乐趣。在实施过程中，沟通也很重要，既要将孩子的时间充分地利用起来，也必须考虑到实施的实际情况。

时限性

时限性就是在指定时间内完成布置的任务。例如，要求孩子在晚上8点之前完成数学作业。8点就是一个明确的时间限制。没有时间限制，孩子就没有效率。一到规定的时间，孩子还没有意识到没完成的严重性，家长着急，孩子却不着急，不小心发了脾气，孩子又会感到委屈。这样没有明确的时间限定的方式会伤害家长和孩子之间的关系，损伤孩子的学习热情。时间安排要有时间限制，根据事件的重要程度、任务的轻重缓急，拟定完成目标的时间要求，检查完成计划的进度，及时把握进展，并在突发情况下及时调整时间安排。

【真麻麻有话说】

时间管理第一步——确立时间观念

首先，在生活中培养孩子的时间感。在孩子的房间和客厅各放一个最简洁的时钟，让他明确时间的概念。一开始，他也许对于时间不甚了解，但一个星期之后，他就明白自己 10 分钟能干什么、一个钟头能干什么。在每天不断重复的过程中，孩子慢慢建立起清晰的时间观念。这个时候，我们就可以引导孩子来管理自己的时间，更有效地学习。

其次，每天刻意的提醒很重要。经常告诉孩子"今天要做哪些事、几点到几点要去哪里、准备完成哪些工作"。这样他很小就会意识到，成人生活的时间安排是紧凑的。尽管我们不断要求孩子，但他也不是通过各种要求来学会时间管理的方法的，而是通过自己看到的、听到的去学习的。每一个做家长的应该把重心放在做好时间管理上，而不是把力气花在"监督孩子"上。

我们要在生活中主动和孩子提及时间名词，如"昨天""今晚""等会儿""很长时间""下一次"等。虽然孩子不一定立即理解家长的真实用意，但是经过耐心引导和长久刺激，孩子一定会跟上思路迅速成长。

另外，要让孩子明白时间是宝贵的、神圣的，不要浪费时间。每天 24 个小时对每个人来讲是固定不变的，如果在一件事上拖几分钟，就一定会在另外的事上也损失几分钟。比如孩子想赖床的时候，拿出闹钟让他确认："宝贝，你已经晚了几分钟了？""3 分钟。""所以，等一下上学路上你必须跑步，把这 3 分钟追回来。"同样，如果今天的作业提前完成，就可以让孩子自由安排这半个小时，让他去做自己喜欢的事情，体会时间管理的价值。

时间管理第二步——三份清单

早安清单：早安清单是指从孩子起床到出门上学这段时间的任务安排。

很多孩子早上赖床，起床磨磨蹭蹭，吃饭慢慢吞吞，导致最后上学迟到。这往往是家长和孩子爆发矛盾最多的一段时间。看见孩子那么懒散，家长难免会在旁边催促：“快点儿，再快点儿。”家长心里着急，孩子被催得难受，大家的心情都很差。为了家长和孩子有一个美好的开始，不如把嘴巴闭上，好好地给孩子制定一份早安清单吧。

早安清单的内容：每天早上要做的事情，完成每件事情要用的时间，完成事件的顺序，每天是否在规定的时间内完成任务。

任务清单的内容一定要和孩子一起制定，把要做的每一件事都让他自己记录下来，每件事情所需要花费的时间，你们一起估算一下，然后约定如果按时完成会有什么奖励，没有按时完成会有什么惩罚。一开始的时候以鼓励为主，不要惩罚，不然就会影响孩子的积极性。

清单安排的事情都是有顺序的，比如先刷牙后吃饭、先收拾玩具然后才能看故事书等。为了帮助孩子加深时间概念，明白做事情都需要按照一定的顺序，你需要坚持让孩子按照顺序做事，并且把每天要做的事情告诉他。

在刚开始执行的一段时间里，家长可以适度地提醒孩子，但注意一定不能情绪激动。一般来说，习惯的养成只需要21天。

晚安清单：晚安清单是指从孩子放学回家到晚上睡觉这段时间的任务安排，记录的就是孩子放学后要做的作业以及所需的时间。这样能让孩子清楚地知道今天的作业所需要花费的时间，合理安排好自己的作业时间和自主时间。这样一来不仅能促进孩子完成作业的速度，还可以让孩子条理清晰，不至于少做、漏做。这个清单可以打印一些空白的模板出来，让孩子在写作业前先把清单列好。

在制定清单的过程中，非常重要的一点是合理掌握好休息的时间。一般来说，3～6岁的孩子注意力集中的时间只有20分钟左右，上小学的孩子的注意力最多只有40分钟，这也就是为什么一节课40分钟之后就一定要休息的原因。

每过半个小时，一定要让孩子休息10分钟。这样是为了提高下一阶段的效率。很多家长让孩子一坐就是两三个小时，希望一下子就把所有的事情完成，这样是不现实的。

每一个小阶段的任务完成之后，家长可以给孩子一些奖励。比如说做完一科的作业之后，给孩子奖励一份小点心或者让孩子玩一会儿游戏等，这样可以刺激孩子形成习惯。

假期清单：很多家长一到假期就会发愁，不知道该怎么安排孩子的假期生活。像儿童节、五一劳动节这样的小长假还好，带孩子出门见见世面，或者在家休息一两天。但是一到暑假和寒假这种动辄一两个月的长假，家长就急得焦头烂额，既不能放着孩子疯玩，又实在没有精力去管他。这个时候，一份详细的假期清单就可以派上用场了。

假期清单的制定原则：邀请孩子一起制定。家长可以先跟孩子聊聊他自己心中的暑假计划。也许你想的是让孩子多上几个辅导班，孩子想的是假期多交几个朋友，但是这并不冲突。合理地采纳孩子的意见，让孩子自己安排时间，让孩子详细写清自己的想法，并且有意识让孩子思考以下问题的答案，比如“你打算什么时候做这件事呢？”“为什么这件事对你那么重要？”“我要怎么做才能把所有任务完成？”等。

白色糖豆：《假如再给我三天时间》

〔法〕雷米・古琼 / 著、绘

内容简介

图纳很爱他的外公，他常常在帮外公种菜的时候跟外公聊天。图纳觉得，跟外公在一起真的是快乐极了。可是，外公一天天地在衰老，在跟时间赛跑，可是谁又能跑得过时间呢？为了延缓变老，外公让每位亲戚朋友在他生日的时候都送给他 3 天时间，这样外公的时间又多了好多年。慢慢地，他就变得没有那么老了。

今年的生日，外公不想再要 3 天时间的礼物了。他让图纳告诉所有人，他想要一些书、CD 和 DVD。过生日的那天，每个人都送了外公想要的礼物，还给他准备了一个卷心菜大蛋糕。接下来的日子里，图纳总能看到外公坐在摇椅上享受这些礼物带来的乐趣。而图纳呢？他学会了一个人种菜，并且听外公讲书里的故事。

可是时间仍在一天天过去，外公越来越老，终于有一天，他安然逝去，再也没机会过生日了。大家都很后悔，为什么没再给他 3 天时间，只有图纳理解外公。

就在外公去世的同一年，图纳有了一个弟弟，弟弟和外公长得几乎一模一样，但不同的是，他还有很多美好的时光，生命的齿轮仿佛又开始了一个新的轮回。

真麻麻点评

我们总以为时间还有很多，殊不知，日子是过一天少一天的。

蓝色糖豆：《时间旅行箱》

〔美〕达伦·希尔金 / 著 〔美〕丹尼尔·希尔金 / 绘

内容简介

从前有一个叫查理的男孩，他过着很好但不够完美的生活。“我要去周游世界，直到找到完美。我要把所有时间都花在完美上。”查理把自己所有的时间都打好包，出发去寻找更好的方法来用掉这些时间……

真麻麻点评

家长们不是担心孩子无法安排好自己的时间吗？这个叫查理的男孩可以变成孩子最好的老师。

绿色糖豆：《最准点的邮递员佩德罗》

〔法〕拉菲尔·弗赖尔 / 著 〔法〕克洛蒂尔德·佩兰 / 绘

内容简介

佩德罗是一个优秀的邮递员，他总是忙忙碌碌的，每天的生活就是骑自行车、送信、睡觉这么简单。但是，一送完信他就会感到孤独和寂寞……

直到有一天，佩德罗收到了女教师露易斯写给他的信：“佩德罗，我有时间，我会等着你的……”佩德罗匆匆忙忙的生活节奏会因为这封信而慢下来吗？

真麻麻点评

邮递员佩德罗如何冲破时间的围困，摆脱孤独，重新认识时间价值的故事，可以引导孩子认识时间的价值。

2019 年夏，全国第十一届少数民族传统体育运动会在郑州举行，我很荣幸地担任了火炬手。这件事情在牛仔心里留下了深刻印象，他在作文中写下了这样一句话：“不是每个妈妈都能成为火炬手的。妈妈是我的榜样。”

担任火炬手时的照片。

我利用业余时间去做志愿者，走上郑州的街头疏导交通。不要太刻意地去给孩子当榜样，持续做自己应该做的就好。

滚蛋吧，拖延君！

常言道，“善交益友、乐交诤友、不交损友”。可每一个做事磨蹭的小孩子都有一个狐朋狗友叫“拖延君”。拖延君坚决站在孩子的战线上，是家长的死敌、老师的对头、午夜悬浮在作业上的幽灵。“做不完就不要做啦，我们一起玩！”拖延君趴在孩子耳边窃窃私语。

因为拖延君无孔不入，陪孩子做家庭作业成为每个家长的噩梦。简单的一页作业，孩子居然能分心十几次，拖了一个多小时还没完成，脾气急躁一点儿的家长该直接开始骂人了。

孩子并没有意识到拖延君是自己的损友，反而觉得是一起玩耍的好伙伴，我们若要强迫分开他们可不容易，到底该如何让孩子心甘情愿和“拖延君”说再见呢？

拖延症在我们每个人的日常生活中其实很常见。常见到什么程度呢？新浪曾发起过一项关于拖延症的讨论，有 700 多万人参与，超 9 成人投票给了“我有，而且很严重”这一项。虽然是自以为，但是也可看出人们对自身做事拖拉的明显感知。

拖延症，本质上是一种逃避问题的表现。然而，越逃避越会感受到被它支配时的恐惧、自责、负罪感，甚至产生焦虑、抑郁等消极影响。所以，让拖延君尽早滚蛋，势在必行！

很多小孩都有不止一个绰号，有一些是亲密的昵称，另一些则是带有一些贬义的恶名，牛仔最讨厌别人叫他“肉蛋”（意思是说他做事慢）。

牛仔和拖延君一直是最要好的朋友，所以他吃饭一直都很慢，不管是在幼儿园，还是在家里，一顿热腾腾的饭总能被他吃到凉透。牛仔 3 岁的时候，一天早饭后，牛仔爸要送他去上学。家里人都吃完了，眼睛直勾勾盯着牛仔，只等他一人。可他一点儿不着急，还慢慢悠悠地扒拉着。

孩子他爸提前出了门，推着车站在电梯里面等他。就看见电梯门开开合合，他爸爸一边不停按着电梯门，一边使劲催他。时间一点点地过去，1 分钟，5 分钟，10 分钟……他爸爸和那节电梯就被卡在那儿，重复开合着电梯门迎接他的到来，可他还在跟碗里那点儿米粒儿纠缠不清。

最后，等到实在失去了耐心，电梯里传来一声愤怒的大吼：“你就是个肉蛋！”牛仔他爸是大学教授，平时性格温润，对外人都是彬彬有礼，基本不发脾气。可牛仔一拖再拖，爸爸终于火山爆发了。从这开始，牛仔“肉蛋”的名号坐实了。

牛仔不光是吃饭慢，做任何事情都比人慢一大截，就好比人家爬山已经从山顶准备下山了，牛仔还在山脚准备出发呢。如果没人监督着他，他一个人洗澡都能洗很久，在浴缸里扑腾来扑腾去，一会儿吹个泡泡，一会儿玩玩鸭子，皮肤泡皱了都出不来。

当时的我是一个事业女性，心思很少往家里放，每天被电台、电视台的任务压着，做节目、写台本、采访、剪辑、带团队、拜访客户、跟嘉宾对词、策划活动、组织落实等，忙得团团转。下班回家早就是累瘫的一个人，看到牛仔身上的小毛病，一开始是觉得等他长大就好了，况且，做事慢一点儿，说不定可能还显得稳重、踏实。不要给孩子太大压力，所以我选择和别的家长一样把拖延不太当回事。这个时候我们还不明白：一个孩子如果从小就拖延，这种状况会持续循环，形成不可逆的影响。真正开始正式认识到拖延的危害，是在牛仔上了小学之后。

每天放学之后，学校都给孩子布置了作业。给低年级孩子课后留的作业也不多，一天才两遍生词、两个拼音、一个词组的复习，别的孩子大概几十分钟就能写完的东西，牛仔可以从吃完饭写到天黑。我就在旁边等啊等啊等啊，心里已经度日如年。真真应了那句话："不写作业，母慈子孝；一写作业，鸡飞狗跳。"

开始我还能保持老僧入定的耐心，后来，我心里开始"生产爆竹"，陪牛仔写一回作业，我就炸一回，炸到后来，心都快炸没了。

每天回家陪他写作业，我实在感慨"苦酒自酿，苦果自食"，当初不重视孩子拖延的问题，现在就跟他一起受罪来还债。有时候作业才刚完成一小半，我和牛仔就开始轮着打哈欠。忙完了白天的事情还要加夜班，写完了英语还得做数学。看着他小小的个子，以及头都恨不得埋进书桌里的画面，我感到既心疼又难受。

要看牛仔的考试试卷就更难受了。别的小朋友的卷子都快做完了，结果牛仔还剩一大半，要是不会做也就罢了，他会但是写不完，还有比这更无奈的事情吗？惨不忍睹的考试成绩背后，是卷子后面大片大片的空白，我恨不得仰天长啸："都是拖延惹的祸！"

在这里，所有的教育理念通通没用。无论你是赏识他、诱惑他、逼迫他、威胁他，牛仔永远是一种极慢的速度看着你，该是多慢还是多慢……

我经常很无奈地跟他讲："孩儿啊！咱能不能写快点儿？"他很认真地"哦"了一声，之后继续在纸上龟速爬行。我深深地感到自己像是个无奈的老农民，驱使着眼前可怜的小牛，在看不到尽头的深渊里面龟速前行，尽管这样，粮食还总是歉收。让我每天盯着他写作业，可真是比录一天的节目辛苦太多，心力交瘁！

其实不光我难受，孩子更难受。一天天被作业牢牢拴住，玩的时间全交给作业了。牛仔每天写作业的时候朝我怒目而视，原本两个最亲的人却如同仇人一样。

眼泪掉过不止一回，焦虑更是没停止过。就连这点儿作业他都要写到深夜12点，那等他到了高年级，作业量增大，我俩该觉也不用睡，每晚用“三更灯火五更鸡，正是男儿读书时”鞭策自己……根本不现实啊！越想我越头疼，不能再这样下去了，牛仔拖延的问题一定尽快解决才行。

更让我担忧的是，他现在慢人一点半点，等到长大了，不仅仅是学校作业拖延，对任何事情的拖延都会逐渐在他的心中形成一种“万事皆难我更难，众生皆苦我最苦”的印象，久而久之，孩子做什么事情都没有成就感，做什么事情都没有自信。

想到这里，我决心挺直腰板，拿出新时代女性的霸气来：滚蛋吧！拖延君！

我们与拖延君之间的长期战争由此拉开，在双方不断交火试探中，我摸索到了一些克敌制胜的好法子，在这里分享给各位家长：

给孩子讲关于拖延的小故事

给孩子讲有关拖延的小故事，比如《一颗叫慢腾腾的种子》和《牵着蜗牛去散步》等，这些都是用孩子能接受的方法传达效率观念的绘本和小故事。

相对于直接的沟通和教育，绘本明显更适合10岁以内的孩子。就像牛仔一样，尽管他做作业拖拉，但是他始终不知道这是拖延的表现，心里也没有改变的想法。没有哪个孩子喜欢拖延，但总是在不自觉之中陷入拖延当中，这是人类惰性的本能作祟，让孩子明白拖延的概念将是一个扭转局势的奇点。

经常设置有时间限制的小任务和游戏

孩子拖延的关键，其实在于他对时间没有明确的概念。拿牛仔来说，我曾经叫他自己感受一下1分钟有多长，我在旁边拿着手机计数，而得出的结果让我大吃一惊。他认为的1分钟大概有我们实际生活的7分钟那么长。这也就是说，他比别人足足慢了好几拍，这样自然会造成拖延。

和成年人拖延的原因不同，大人们大多是因为懒散，而0～6岁孩子拖延的原因大多是没能形成对时间分配的整体认知，孩子心里的时钟和我们大人是不一样的。要改变孩子的拖延状况，就要从调好孩子心里的时钟开始。

刚开始的时候，我采取跟他比赛做作业的方式，跟他打赌1分钟、3分钟时间内谁做得最快，孩子们大多争强好胜，所以，此时的牛仔作业完成速度比以前有很大提高，说明潜力还未挖掘出来。可是到了后来，重复的比赛让他逐渐感到厌烦了，效果有所下降。

这个时候，我决定开始实行奖励机制。每当他按规定完成了一件事情，我就会给他一张纸条放进木头做的“胜利宝盒”里面，我们约定每攒够10张小纸条就可以在妈妈这里兑换一个奖励。这个奖励可以兑换各种各样的东西，比如说可以出去钓一次鱼、一个晚上不写作业、玩乐高20

分钟、玩游戏 10 分钟等。用规则和奖励去激发一个孩子的动力无疑是非常有效的。

适当的语言鼓励也是不能缺少的

每当他按规定完成了布置的作业，我都会激励他，诸如“你是头快牛呀！”“你算得比妈妈快多了”“你真棒！”这些都是我经常激励他的话。

经过这些有针对性的训练，至少我不用再为拖到晚上 12 点的作业担心了。

亲身经历让我明白，拖延的问题说到底是习惯和素质的问题。时间观念应该从小就开始培养，比如说迟到，在国外，迟到被认为跟缺席一样严重，即使有特殊情况，比约定时间晚 5 ～ 10 分钟需要郑重道歉，半小时以后对方将会把你拉入黑名单。习惯与素质的培养，最好的时机就在于小学的这段时间。

每个孩子心里一定都有一个独一无二的时钟，拖延就像这个时钟走不动了，或许是哪个零件出了问题，或许是电池没电了，父母就应该像个钟表师一样，细细调试，防微杜渐，在小毛病出现的时候及时解决，不要等到停摆后再“早知今日，何必当初”。

调好孩子心里的时钟，拖延君自然也就和孩子分道扬镳了。

研究表明，拖延症也有可能是生理原因造成的。在大脑功能分区中，与计划、控制、注意力和执行有关的脑区，是大脑前额叶皮层功能区。当这部分区域功能受损或不活跃的时候，大脑排除杂扰事物的能力就会降低，注意力会受到严重影响，做事效率也会显著降低。如果孩子的运动协调能力、注意力以及反应能力比同龄人逊色，一个最直接的后果便是无论做什么事情都仿佛慢半拍。

总是拖拉的孩子，通常不快乐。拖延的孩子用“为别人打工的心态”去对待自己的事情，似乎一切在为人家做而不是为自己做，可以想象，他会有多么不情愿，根本不会有自我满足。

这样的孩子一方面自责，另一方面有着难以言喻的“反抗后的愉悦”；一方面拖延是自主行为，可以享受自主的快乐，另一方面“害怕被惩罚”的感觉着实有压力。

当孩子没有计划性或者做事没条理，不能很好地把握事情的重点和节奏，那么效率势必会大大降低。原本一个小时就可以完成的作业，他会用两小时的时间做完，完全意识不到这会给自己带来什么损失。

虽然孩子拖拉看起来只是单纯的行为层面的问题，但是在拖沓的行为背后的客观原因往往是缺乏时间观念，缺少计划性和做事没有条理，是无论做什么事情注意力都没法集中，自然难以专注于完成作业这个既定目标。

绿色糖豆：《我的一天》

〔意〕比阿特丽斯·特莱丽 / 著、绘

内容简介

这套书讲述了一个家庭中姐弟二人一天中经历的事情，以及在 4 个时段中不同角色的生活故事。

真麻麻点评

这些每天都在发生的平平淡淡的事情，通常我们不会过多地关注，因为每天的生活就是如此。但是对于孩子来说，他们却需要了解更多，从而增加对作息时间和规律的认识。

银色糖豆：《钟表山的嘀嘀和嗒嗒》

〔日〕竹中真由美 / 著、绘

内容简介

这是一本充满童趣的绘本，时间知识被巧妙地安排进故事之中。一个又一个场景在孩子们眼前展现，而当故事接近尾声，一页全局图让大家发现，先前的每一页都是这个全局的一部分。书中描绘的是两个小朋友一天发生的事，既亲切又自然。随书还赠送手工游戏，孩子们看完故事后，动动小手，就能得到一个自己做的时钟。

真麻麻点评

这本书可以让孩子对钟表有更多的直观认识和了解。这样学习钟表知识、认识时间，进而了解时间管理的基本原理，把抽象的时间具体化、形象化，对于孩子上学之后的时间安排和规划具有指导意义。

猫的儿子，学不会捉老鼠！

“摇响小铃铛，转动全世界的童年！晚上 7 点调频 FM88.9，孩子最大！你的、你的、你的、小铃铛！”每天晚上 7 点到 7 点 30 分，郑州上空的电波里总会传出这样一段话，这个广播节目就是《小铃铛》。可能很多人认识我都是从这个节目开始的，在主持这档节目的 27 年间，我是许多小朋友心中的“陶真姐姐”，也是一代又一代人的集体记忆。我将自己的全部心力都倾注给这个节目，它也不负众望地将一个广播节目该得的所有奖项都收入囊中。除了得遍地方和全国性的大小奖项之外，《小铃铛》还捧红了许多少儿主持人。后来这些小主持人有的成了真正的电视台主持人，他们分布在广电系统各个单位，在各自不同的岗位上扎下了根。

《小铃铛》是当时河南省内首家少儿广播节目，它的节目形式不拘一格。我们邀请小朋友们上节目，在节目里交流自己的心事，家长们也可以在节目中和小朋友们一起讲故事，直播儿童剧。这在现在看来平淡无奇，但在当年可是大胆的创新。

即使是后来没有从事主持行业的孩子们，也取得了非常好的成绩。比如当年和我一起主持节目的赵侃同学，因为特别能“侃”，节目主持得好，小提琴拉得也棒，被我们推荐去演电视剧《赵匡胤》里的小赵匡胤，之后还参演了电视剧《工人》等一系列的影视作品。这些角色的参演对他之后的工作选择也起到了决定性作用。他现在已经是北京电影学院导演系的一名研究生，片子拍得很有想法，可以说是国内年轻一代导演中的佼佼者了。

我还带过一个叫温雯的学生。《超级演说家》的全国十二强，《一站到底》中温文尔雅的学霸，《奇葩说》里知性大方的参赛选手，这些都是别人给她的标签，但她的真实身份是加拿大银行的高管。温雯同学小学三年级的时候就做了《小铃铛》的主持人，虽然经常出错，挨的批评最多，但成长得也最快。她高中时就去了泰国念书，当上了学校里第一个华裔学生会主席，在渥太华大学读金融专业的时候，还获得过亚裔小姐冠军。

因为有了这些鲜活的例子，所以我特别推崇素质教育。语言和表达能力的提升不可能立竿见影，它像是文火慢炖出来的鲜汤，越久越香，越到后面越有味道。

有了这些成功的培养经验，我自信虽然算不上大师，但勉强也能称得上育儿老手了。而且说话这门艺术可是我们播音主持人的看家功夫，更何况我为了更加了解孩子们的内心世界，专门在北京大学攻读心理学，并拿到了硕士学位，还出了一本教孩子们如何说话的教材《小主持人》。然而，我没想到，在培养了那么多知名的主持人后，我却教不会自己的孩子说话。

作为一个认真的妈妈，我在牛仔还没出生的时候就给他放各种各样的音频。人家都说胎教的时候给孩子听点儿东西有利于培养乐感和语言感知能力，我怕听别人的音频效果不好，就自己朗读国学经典给他听。《三国演义》《弟子规》等，凡是我觉得好的东西都一股脑儿地试试。这个方法确实卓有成效。牛仔一岁半的时候，有一次他突然就哼出了一个调调。当时我突然觉得很熟悉，细想原来是我录的《弟子规》，在反反复复听过之后，他已经会不自觉地哼出来了。

可是，这样的惊喜只有一次。牛仔直到 3 岁才学会完整说好一句话，才能将自己的情绪零碎地表达出来。他之前不说话的时候，我这个新手妈妈整天都提心吊胆，我甚至在怀疑，难不成因为我是高龄产妇，影响到孩子智商了？我和闺密在一起的时候，老是忧心自己的孩子是不是有什么毛病，她们表示不相信："你这么一个能说会道的主持人，怎么会生了一个不说话的闷葫芦呢？"

但牛仔就好像修炼了闭口禅的佛门大师，一言不发，让人发愁。到 3 岁的时候，牛仔说出的第一句话把家里人吓了一大跳。当时大家正吃饭，他在旁边冷不丁蹦出了一句："但是，我想吃米饭。"一般的孩子学说话的步骤都是从音节开始，再慢慢过渡到词语，最后形成一句能够完整表达意思的话。他可倒好，不说是不说，一说就是一串话。我想了好几天才弄清楚里面的意味，有的孩子嘴上不说话，不吵不闹，但是他的头脑里面正在积蓄力量，一步步搜集着各种各样的字节，今天学一句，明天会一段，总有一天会寻找契机表达内心的感受。

作为一名主持人，我对一个人的发音、语调、语言的逻辑特别敏感，这可能也是职业病。到牛仔上小学的时候，我发现这孩子说话特别不清楚。比如他说"喝水"这个词，让人听起来像山东方言"喝匪"。"豆腐"在他的嘴里变成了"豆户"。"支持"这个词永远被他发成英语的浊辅音，全都是用舌头抵着牙齿，发音浑浊不清。还有让我不能容忍的是牛仔说话没有逻辑，总是想到一截说一截。说完一小段话，关联词永远是："然后，然后，然后……"语调也是前 3 个字声音大，后面因为没想好，一个字比一个字的声音小，这种状态一直持续到了八九岁。

还有一件事也让我觉得有些对不起孩子。我曾经带过一个从小就饱读诗书的小朋友，这个孩子才上二年级就获得过各种大赛的奖项，非常有艺术天赋。有一次他的爸爸主动提出想让牛仔跟着一块学艺术。那时候的我，在舞台上摸爬滚打几十年之后，已经开始有意地去逃避聚光灯了。人家都说娱乐圈是个名利场，我也算沾上了一点儿边，所以为了保持自己的本真就不愿出风头，推及孩子，我也就不赞成牛仔学习这方面的知识和技能。等到那个孩子又一次得了大奖，他爸爸向我感叹说："陶老师，你真的是为了培养大家的孩子，甚至牺牲了自己的孩子。"

"牺牲"这个字眼格外刺耳，我的心里难免有些失落，甚至还有些自我怀疑，作为一个得过"金话筒奖"的妈妈，难道现在连自己孩子说话都教不好了吗？于是我想起之前教牛仔说话的时候，他的压力总是很大，一不小心还会哭起来。想到这里我的心里既委屈又难受，内心有一个声音在不停发问，到底是我不行，还是孩子有问题？这时候，我的一个朋友劝我说："你别教了，谁教都比你强。"我很纳闷儿："为什么？那么多学生我都教好了，自己的孩子还教不了吗？""你没发现孩子因为你的光环而觉得压力很大吗？我看过你教孩子说话的过程，"朋友无奈地摇摇头继续说，"他每次一句话还没说完，你就揪着他这个发音不对，那个字词咬得太重，这句话应该连着说，等等，你不能总拿播音教授培训主持人的要求去教孩子，对孩子要有耐心，让他接着说下去，就是说得不好，也要让他先把话说完。"

朋友的这番话深深地刺激了我。回想过去，我确实在这方面没有太多耐心，并且过于急躁了。我爱将牛仔置于我的设想之下去教导，却从没静下心来听听他想做什么，他只是不情愿地在按照我给他框定的模板生活。当我说语音错了，他就努力纠正发音。但不可能每个孩子都能变得完美无缺，舌灿莲花，因为朋友的提醒，我总算知道了自己这么久以来最大的误区。

细细想想，在我的学生里面，也有发不对音的，吐字不顺溜的。针对这种情况，我会叫他们先把想说的话写出来；还有特别擅长舞蹈的，我就告诉他们肢体语言同样可以传情达意。曾经说话不顺溜的那几个孩子听了我的建议后，有的现在成了语言大师，还出版了语言表达方面的专业书籍。对待学生我尚且知道因材施教，但到了自己的孩子这里，反倒要他一条路走到黑，我不禁越想越惭愧。

其实，说话的目的一是交流，二是训练思维。孩子总是磕磕巴巴，不一定是发音有什么问题，说明他的思维没有连上线，我们要有足够的耐心等他，就像等那只慢慢爬行的小蜗牛，等他一步一步地爬过来。

再想想，我自己不也曾经是那只蜗牛吗？小时候我因为结巴甚至都不敢大声说话，而且看上去显得有些内向，所以很少有小朋友愿意和我一起玩。我打心眼里羡慕那些能说会道的孩子，而自己每天只能抱着布娃娃和小熊，一遍又一遍地把看来的童话故事读给它们听，就是这样，我在复述中慢慢学会如何讲故事，又过了一段时间才懂得表达自己的想法。

我的爸爸妈妈同样也为我小时候的语言表达能力发愁，在他们的要求下，我每天必须听广播、看电视，跟着播音员学说话，还要自己不断重复练习，这样的日子不知不觉过了好几年，同学们才没人说我是个小结巴了。等到我 18 岁考上河南经济广播电台业余广播剧团，我才知道自己已经成了别人心目中口齿伶俐的大姑娘了。当然也没人知道这个现在靠嘴“吃饭”的主持人，曾经还是个“小结巴”。

我感谢我耐心的父母，更感谢自己的坚持。时过境迁，我也成为一名母亲，教育好自己的孩子，更是我最重要的事业。我也下定决心，不管他将来打算从事什么职业，他能首先学会如何说好中国话，哪怕过程曲折一点儿都没关系。所以，我现在也会经常跟牛仔说："孩子别急，我们慢慢来。"

虽然他说得还不够好，但我也经常有意无意地给牛仔增加锻炼的机会，鼓励他参加各种各样的演讲活动和比赛。付出总归是有成效的，他和我一起参加了河南省妇联的"巾帼心向党，花儿朵朵开"六一大型儿童会演，主持人中他年龄最小，但是最淡定，获得点赞也最多。他还和我一起参与了米学网的"法治进校园活动——拒绝校园暴力，让阳光照进校园"视频课录制，我万万没想到，他在所有的孩子当中表现最大方，而且最用心。

我的孩子是突然变得能说会道了吗？我觉得不是。其实，那些闪耀的时刻永远只在咫尺之间，只要你一步步地往前走，不知不觉就发现自己成了光。

真麻麻小课堂

古人曾说：三寸不烂之舌，强于百万雄兵。舌战群儒、合纵连横、一人斥退百万雄师的故事一直在民间广为流传，由此可见人们对于“说话”的重视。到了经济全球化的21世纪，人际交往日益频繁，良好的语言表达能力在日常生活以及工作中都很重要，语言表达能力已经成为人们必须具备的一种生存能力。

家长千万别小看孩子语言表达能力的重要性。表达能力不好的孩子，在学习方面可能因为表达能力弱而不敢提问，倾向于接收单方面的信息，因而学习成效比较差。而在心理发展上，孩子也容易因表达能力差而缺乏信心，不敢表达自己的意见和想法，情绪容易遭受挫折。在人际互动方面，孩子可能不善结交朋友，在团体中不易崭露头角，一般是追随者的角色。

很多父母平时不重视孩子的表达训练，把所有的“话”都揽到自己身上。其实，多给孩子一些说话的机会，才能为他们将来踏入社会做好铺垫。

科学研究表明，儿童时期是语言发展的关键期，家长要抓住这个时机培养孩子的语言表达能力。有些家长常对孩子说：“大人说话，小孩少插嘴！”这样容易使孩子失去表达自我的兴趣。语言总是发生在一定的情境中，语境特征决定着孩子的语言特征、讲话风格。长期处于弱势语境中的孩子，性格也会偏向懦弱，难以做出重要的决策。

因此，父母应当通过控制语境，自觉地、有意识地训练他们的表达能力。

锻炼孩子表达的几个方法

注意平时语言表达的习惯，要正确表达。有些家长在和年龄较小的孩子对话时，经常会使用一些“不正常”的话，例如，“吃饭饭”“喝水水”。叠词的大量运用对于孩子的正确表达是一个非常大的障碍，牙牙学语的孩子很容易受到影响。父母应当从小教会孩子使用正确的词语表达，这样孩子的表达能力才会得到正面引导。在孩子刚学说话的时候，应该时刻记得纠正孩子不正确的词语，直接把正确的说法重复一遍，务必让孩子能记住并自我纠正。

知识是表达的基础，阅读是增加知识的关键。孩子的学习能力是惊人的，他们每时每刻都在接收着外界的信息。通过一起读书、看电视、讲故事这样的方式来增加孩子信息量的获取，不失为提高孩子语言表达能力的好方法。当然，这些活动的内容需要在孩子的认知能力范围之内。

多和孩子讨论，鼓励孩子说完整话。让孩子学会从完整地说一句到连贯地说一段，逐步提高口语表达能力。当孩子在交谈、提问题、回答问题、表达自己意愿的时候，要耐心引导孩子。久而久之，口语表达能力就会得到相应提高。良好的语言组织能力、自然流畅的姿态语言，如眼神，手势等，都是沟通能力的必备要素。

和孩子说话的时候应该尽量贴近孩子的生活实际，让孩子有话可说。如果你平时觉得和孩子无话可说，那只能说明你对他们的世界了解太少。孩子感兴趣的话题有游戏、动画片、故事书……如果围绕某部动画片的主角展开讨论，你会发现孩子的话匣子一打开就关不上了，滔滔不绝地说个不停。

鼓励孩子多做演讲和总结。学校、班级里也会经常举办演讲比赛，目的就是培养孩子的口头表达能力。这种演讲同样能在家里进行，如客厅、饭桌，每一个地方都可以成为孩子自由表达想法的舞台。

紫色糖豆：《无字书》

〔法〕让 - 马利 · 赫比亚 / 著 〔法〕玛丽 · 德邦 / 绘

内容简介

这本出自世界著名插画大师之手的绘本曾获奖无数，非常适合 2 ~ 3 岁的孩子练习“看图说话”。没有文字是它最大的特点，孩子看着图就能根据自己的理解想象出无数的故事。

真麻麻点评

家长可以通过提问和图画引导孩子自己将故事串联起来，锻炼孩子的口头表达能力。

绿色糖豆：《晴天，有时下猪》

〔日〕矢玉四郎 / 著

内容简介

这套书在日本小学生中几乎无人不知，被誉为日本儿童文学经典中的经典。它非常容易引发孩子的写作兴趣：一个小学男生的日常写作引发了一系列稀奇古怪的事情，引人入胜。整套书没有一句说教的话，但很神奇的是，它让孩子读过以后就产生自己动笔写几句的欲望。

真麻麻点评

以幻想故事激发写作兴趣，用心良苦，也很巧妙。

银色糖豆：《猜猜我有多爱你》

〔爱尔兰〕山姆 · 麦克布雷尼 / 著 〔英〕安妮塔 · 婕朗 / 绘

内容简介

一大一小两只兔子短短的对话，浓缩生命中最复杂、也是最伟大的情感。小兔子像所有的孩子一样爱比较。它和大兔子在比赛谁的爱更多一些。大兔子用智慧赢得了比赛和小兔子稍微少一点儿的爱，可小兔子用它的天真和想象赢得了大兔子多出一倍的爱。两只兔子都获胜了。所有的孩子都会爱上这两只可爱的兔子，值得爸爸妈妈和孩子一起看。

真麻麻点评

这本绘本教会孩子如何表达心中的爱。

牛仔的牛，不是吹牛的牛

一个冬天，当时 7 岁的牛仔和我们一起吃火锅，我和几个老同学谈兴正浓时，牛仔坐不住了。大人的谈话他插不进嘴，也听不太懂，所以他一个人吃饱之后，开始在桌子和大堂之间转来转去，东摸摸、西看看。见他没有特别打扰到旁边吃饭的顾客，我就由他去了。不一会儿，他跟邻桌的两个小朋友玩了起来，看起来非常开心。我寻思，牛仔的社会交往能力又增长了。

10 分钟后，牛仔蹦蹦跳跳地朝我们跑来，特别兴奋。到桌前，他用炫耀的语气对我说："妈妈！妈妈！我出名了，他们都认出我是牛仔了！"

我很惊讶，离家那么远的饭店，怎么还会有小朋友认识他？我小心翼翼地问他："你知道人家为什么认识你吗？"之所以语气中带着些谨慎，是因为我既怕否定孩子，打击他的积极性，又怕孩子太膨胀，产生不好的影响。

牛仔毫不犹豫地回答："当然啦！人家说他是您的忠实粉丝。妈妈您是个大明星。"牛仔边说边用手势比画我有多么大，然后补上一句让我心惊肉跳的话："他认识我多正常啊！"明白了！可能是别的家长在电视上看过我的节目，或者他们也加入过真麻麻群，在群里看到过我发的牛仔表演才艺的照片。

但是孩子的语气怎么会如此理所当然？他咋这么把自己当回事儿啊？貌似没有半点儿“沾光”的意识。我不由得捏把汗，咱可不能因为妈妈是一个公众人物就滋生出骄傲种子啊，妈妈都觉得自己并没有什么值得炫耀的，他却有些膨胀了，这对他的成长可不利。

这次的“粉丝巧遇事件”可以说成为一个契机，原本我不知道牛仔是一个“吹牛仔”，后来我发现牛仔果真像我担心的那样，小虚荣的泡泡时不时地冒冒。每当他这样炫耀自己的时候，总是被身边一圈同龄小朋友艳羡。

其实，牛仔哪里是个名人，就是个人名。我因为从事文化传播工作，经常会策划各种大大小小的晚会、活动，很多时候，我找不到人带他，就只好带着他工作。这个“小尾巴”眼界大开，也逐渐有了自己的欣赏品位。

坦诚地说，虽然我在电视台和影视行业工作了那么多年，也拥有了一批忠实的听众，勉强称得上是一个公众人物。但是当舞台灯光落幕，回归到生活中来，我一直觉得自己与所有普通人无异，只是做着不同的工作而已。

舞台上，我是主持人陶真或是评委陶真；生活中，我只是个家里没有请保姆，自己买菜做饭、刷锅洗碗、接送孩子上下学的普通女人。真是没觉得这个职业多牛啊！在我看来，只要靠自己正当劳动挣钱的人，都是最光荣的人，也是值得尊敬的人。

在邻居和朋友面前，我没觉得自己有什么异样，下了班，我就经常穿着居家服跑前跑后，我们院的保安根本不知道我是从事什么职业的。我这个当妈的都没把自己当个什么大明星呢，儿子什么时候就自封成“星二代”了？事实是因为他在班里很弱，经常有很不自信的表现。当电视

在新闻的直播现场。

参加 2018 年河南省少先队员代表大会。

在河南广播电视台信息广播的直播间做融媒体节目。

台举办比赛的时候，我都从没有鼓励他踊跃参加。因为自私的我一点儿也不想把他打造成一个“小明星”，或是利用人脉关系把他堆成一个“星二代”。

在网络上，我确实在自己博客上发了几张他的照片，但是只有月子里的他和带他出门游泳时的留影。仅仅是在晚会上跑了几场龙套，他连偶像光环都给自己绘出来了，那以后还不得背上偶像包袱了？牛仔比一般孩子多了一些登台经历，就让他飘飘然觉得自己特别了不起，我真怕他以后犯事了，会像新闻里某人大喊“我爸是李刚”一样大喊“我妈是陶真”，那可真是“坑妈”了。

童星光鲜的外表下，未必能有一个充实快乐的童年，我不希望牛仔因为少年成名而不快乐。幸福是首位的，其次才是学识、名声、财富等。人的童年只有一次，那是一去不复返的黄金时代，若有什么遗憾，一定会追悔莫及。近 30 年来，我见过太多年少成名的童星，他们礼貌、早熟、微笑得体，提前拥有与他们青涩外表不相符的情商和阅历，但是缺少着这个年纪该有的童真。

秀兰 · 邓波儿是 20 世纪 30 年代偶像级的童星，她以标志性的金色小卷发和带有酒窝的微笑成为荧幕的宠儿。她在 10 岁时，就已经是美国最具票房号召力的明星。她的演唱、舞蹈和灿烂的笑容使无数人为之倾倒。1999 年，邓波儿被美国电影学会评选为百年来最伟大的女演员第 18 名。

照我们现在的标准看，邓波儿简直是人生赢家，名利双收，名载史册。可是邓波儿怎么看自己的人生呢？ 1988 年，邓波儿在 60 岁生日之际出版了自传——《童星》，她在自传里说：“我只过了两年懒惰的婴儿生活，以后就一直在工作。”

3 岁那年，野心勃勃的母亲便带着邓波儿到处试镜，她很快就成为系列片《小听差》的女主角，从此不再有童年，没有幼儿园，没有与小朋友们的结识、追逐与哭泣。邓波儿的生活是日复一日的片场，每天工作 5 小时以上，周末通常在 8 小时以上，如果拍戏时候不乖，就会被关小黑屋。

邓波儿曾说："6 岁那年我就不相信真的有圣诞老人了，那天，妈妈带我到一家百货商店去看圣诞老人，可圣诞老人让我给他签名。"

你能想到影片里永远笑如暖阳的小天使会有阴翳的童年吗？拥有这些的同时，便意味着会失去另一些。

我尊重牛仔的兴趣，绝不干涉他的发展方向。他对建筑感兴趣，我就带着他玩与之相关的搭积木游戏，和他千里迢迢跑到洛阳住民宿，观看房屋建造过程，带他一起参观日本明治维新前的木架草顶房；他对人工智能着迷，我便领着他看遍郑州举办的各类 AI 科技博览会，跟他讲"阿尔法狗"的故事……

也许有人觉得我的教育方法纯属"东一榔头，西一棒子"，由着孩子胡闹，到最后肯定没有什么效果。我并不这么觉得，井底蛙失去向上攀爬的动力，就是因为他的天空被井口固定死了。作为家长，我们应该具备大局观，没有必要去束缚他的成长。博采百家，以取众长，现在培养起来的枝杈，奠定的是孩子未来向四面八方发展的可能。

我推崇的是梁启超式的文人教育，一门九子女，皆有蕡其实。长女梁思顺为诗词研究专家，长子梁思成为建筑学家、中国科学院院士，次子梁思永为考古学家、中国科学院院士，三子梁思忠为炮兵上校，次女梁思庄为图书馆学家，四子梁思达为经济学家，三女梁思懿为社会活动家，四女梁思宁为光荣的革命军人，五子梁思礼为火箭系统控制专家、中国科学院院士。

他们从不依靠父亲梁启超的名声，从不炫耀自己的功绩，而是像陶行知先生所说的那样“吃自己的饭，流自己的汗，靠爹靠娘不是好汉”。我只有牛仔一个儿子，我更希望他是一个独立于“陶真”标签之外的个体。

话又说回来，牛仔爱吹牛，一方面是人类爱炫耀的天性，另一方面则是他无法正确地处理荣誉感。

有一次，我要去跟儿童文学作家王纲、好友刘肖以及海燕出版社的宋编辑商讨关于图书出版的事情，怕牛仔一个人在家不安全，我就带他一起去。不带不知道，一带吓一跳，我可真算是请了个爱念经的唐僧过来。

在饭桌上，牛仔逮着机会就不停地和人家聊天，霸占着话语主题，只让人家有听的份。主题从他的学校、他的爱好、他看过的书到他背的《木兰辞》，不停地轮换着，他兴奋得红光满面，就差当面展示前两天去少林寺看的七十二绝技了。

那天，在座所有人都被他的话逗得前仰后合，拍手称好。不鼓掌则已，别人越笑他越来劲，没完没了地表现自己，根本停不下来。作为妈妈，我当然为儿子的优秀和开朗感到开心，可是心里还是忍不住暗暗在想：牛仔今天说的话比平时多十倍，可见他平时多寂寞！作为他的妈妈，我已经低调得就差把头埋进土里了，他怎么就这么爱表现呢？

人家常说，孩子是自己的复印机。当时的我早已经厌倦舞台上的灯光，缩着身子只想往后躲，所以我从没有鼓励过他在人前积极大胆地表现自己。他的狂热像一把火，煎熬着焦虑的我，我担心如果牛仔再这样无法正视荣誉，那么以后肯定会出问题。

在我读书的年代，每个班上总会有一个“吹牛大王”。起初，大家还会为他精彩的讲述而着迷，可是当他越吹越离谱的时候，我们都会为他的浮夸皱起眉头，“吹牛大王”也就渐渐成为不招人待见的边缘小孩。谁都不希望自己的孩子成为这样的人，纵使我们主张孩子勇敢地表现自己，也绝不能因此丧失谦虚的美德。

一回到家，我一头扎进家里的藏书柜，试图从我恩师——北京师范大学心理系陈会昌教授翻译的《伯克毕生发展心理学》中查找孩子对于荣誉的认知起始于何时，又赶紧再翻翻《人格心理学》，看看孩子这个时候吹牛是不是因为创编能力增强而无处展现。我查阅来查阅去，目的只有一个：从浩如烟海的心理学著作中为牛仔的吹牛找到一个合理解释。

在读过很多专业书籍之后，我终于理解：孩子希望自己强大，但是分不清楚现实和想象，才会通过“吹牛”这种方法不自觉地说出来。

为了坦陈彼此的想法，我让牛仔在我面前坐下来，我们盯着彼此的眼睛，真诚地对视，我要和这个小孩来个“一致性沟通”。

1. 说出我的感受：我误解了他的“夸张性表述”，是我错了，以后我们都要避免给人“贴标签”。

2. 我告诉他，健康的人际关系不是吹牛可以“吹”出来的，而是需要倾听、接受、回应和支持得来的。

3. 我告诉他，你这个年龄渴望大家认同你，但不吹牛也不代表你落后。

4. 我告诉他，我愿意和你一起培养在人前人后的自制力。

5. 我告诉他，什么场合该说，什么场合不该说，说话前要思考。

认真沟通之后，牛仔不好意思地说：“妈妈，我这个牛仔的‘牛’可不是吹牛的‘牛’，而是能够听进去人家说话的‘牛’。”

牛仔一直不愿意我指导他朗诵和主持，他想当航天员、汽车设计师，我支持他各种变来变去的选择，但他第一次愿意来广播电台录节目，是因为他的同学。这个同学喜欢朗诵，暑假里我邀请他们一起来录广播剧。牛仔在剧中扮演〝仔仔〞，本色出演。真没想到，我带了几十年小记者，这才是自己儿子的第一次〝触电〞。

牛仔和获得『河南省新时代好少年』称号的陈奕名一起在直播间接受我的采访，谈暑期做过的公益活动，牛仔通过这次上节目的机会也深刻感受到主持人不好当。

爱吹牛的人一般都不怎么招人待见。但是，人总会有在众人面前表现和炫耀自己的心思，天性使然。我们日常生活中，明知吹牛不好，但是依旧把“牛”吹到天上始终不落地的人不在少数。

英国牛津大学做过一项调查，调查发现：超过八成的人每天至少讲一次大话，超过四成的人每天吹牛超过 3 次。可想而知，其实大部分人都曾讲过大话，甚至每天都讲，只是大家可能没意识到自己是在吹牛。

对绝大多数人来说，说大话是一种正常的心理需求。一方面是为了显示自我、增强自信、弥补心理落差的简单方式，比如通过夸大自己的能力、身份等，获得他人尊重；另一方面，适当吹牛能降低恐惧和焦虑。

但是，还有一部分人似乎吹牛上瘾了，永远在说大话，不知疲倦地满嘴跑火车，什么事情经他一说，都能吹得天花乱坠，仿佛自己无所不能、神通广大。这样的人就是不正常了，甚至是患上臆想症了。我们可以将大人吹牛理解为虚荣心，那孩子爱吹牛的原因又是什么呢？

从发展心理学角度来说，孩子喜欢使用夸大事实、吹牛的方法是一种正常的心理现象。吹牛可能是孩子拥有丰富想象力的表现，但如果孩子过于喜欢吹牛，就应该引起父母的注意。因为当说大话变成一种习惯或是一种不自觉的行为时，孩子的虚荣心也会越来越强。因此，当孩子说的经常与事实有出入时，父母不妨先试着去纠正孩子的吹牛。

爱吹牛也可能是因为缺乏自信，缺少关注。有一部分并不显眼的孩子就是通过吹牛来获得心理安慰，获得大家关注。对于这种孩子来说，周围人的羡慕眼光才是最重要的。

爱吹牛还可能是受到家长的影响。有的家长喜欢说大话，吹牛的时候自己的孩子看在眼里，就会觉得这是一种能够提高自己威信的行为。虽然这样也确实有效，但孩子在家长的影响下，不知不觉接受了大人们评价事物的方式。

爱吹牛的孩子在同学面前吹，在老师面前吹，显摆自己的家庭、玩具、衣服等，或许他们的初衷只是为了博得老师的关注、同学的羡慕，希望有更多人把关注放在他们身上，陪他们玩，但是值得警醒的是，这种注视的眼光并不是真正的受欢迎。这样的孩子也无法成为一个成熟、有担当的人。

【真麻麻有话说】

如果发现孩子爱吹牛，你也不用太过责备孩子，动辄开口喝止、棍棒加身，这样不仅收效甚微，而且更多时候会引起孩子强烈的逆反心理，孩子非但不会改，反而变本加厉。面对孩子吹牛，家长正确的方法是：

恰如其分的表扬

可以表扬，但必须是合适的表扬，可以适当夸大，使激励效果更明显，但是不要过度张扬和夸大。家长可以着重赞扬孩子付出的努力，淡化结果，防止孩子唯结果论。

引导孩子接受真实的自己，正确地认识自己

每个孩子都试图做到完美，总是觉得做到最好才会被别人认同。这种完美主义的想法虽然很好，却是不现实的。家长要告诉孩子：人无完人，不要过于在意别人的评价。

引导孩子在说话和做事的时候，不要以自我为中心，要考虑他人的感受

聪明的家长懂得教会孩子换位思考，尝试着用孩子的语气夸张地把他要描述的内容展示出来，看看他会不会觉得舒服，相信通过这种尝试他会有很深的感受，让他留存着这份感受，想一想自己夸大其词的时候别人会怎么看。

棕色糖豆：《吹牛大王历险记》

〔德〕埃·拉斯伯 戈·毕尔格 / 著

内容简介

“吹牛大王”敏豪森勋爵可以说是西方童话中“吹牛界”鼎鼎大名的人物了。他出身贵族，曾是军人，在俄国服过役，和土耳其人打过仗，还酷爱打猎。他是个快乐的冒险家，也是个口若悬河的“吹牛大王”。他的故事在西方家喻户晓。

真麻麻点评

这本绘本被誉为“介于童话和幻想故事之间的儿童文学经典作品”，既可以对孩子进行教育，又能让孩子跟着敏豪森勋爵一起展开天马行空的想象，在思维的天空中尽情翱翔。

屎、尿、屁：怎能出口成脏？

我做了几十年的主持人，还给很多人做过心理咨询，这些年认识了各色的人，见识过不同的事。广播电视业本就是和人打交道的行当，身居高位的领导、出身草根的知名企业家、普通的劳动者，他们大多言语得体、态度亲和。我喜欢交流，也愿意去倾听人间百态和各味人生。而且作为一个主持人，我自信在听任何人讲话的时候，都能做到泰山崩于前而面不改色。

但是，有一件事情却让我大跌眼镜，甚至感到匪夷所思。

牛仔 4 岁的一天，他刚从幼儿园出来，就急不可耐地跟我讲他在学校遇到的事情。他愤愤地说："妈妈，我们班的那个小栋，简直是个屎小栋，我特别讨厌他，因为他总是抢我的玩具。"我还没从他给同学取的外号中反应过来，就见他抽抽鼻子，嘴巴又蹦出一句："哎呀！妈妈，这个餐厅怎么这么大一股尿臊味啊？难闻死了。"天啊！牛仔嘴中的这些脏话都是从哪里学来的！当听见他说这两句话时，我整个人都快原地爆炸了。

我注重孩子的国学修养，从小就教他学习《弟子规》《三字经》，平常看的、读的也都是国学经典，虽不至于学富五车，但至少跟"屎尿屁"这些东西可真是半点儿都沾不上关系。要说跟家长学的那就更不可能了，牛仔的爸爸是教养良好的大学教师，即使发脾气也从不说脏话。而我就更不可能了，身为主持人，平时最忌讳的就是讲一些不得体的语言。脏话在我们家根本没有生存的土壤，我坚决不允许牛仔成为满嘴脏话的人。

那一次，我立刻严厉地批评了牛仔。后来，尽管我三令五申，但他说脏话的毛病却始终没有改掉，甚至颇有愈演愈烈之势。

后来有一段时间，他的每句话里都带脏字，简直到了脏话连篇的地步，不是“屎”就是“尿”“屁”之类的。那时候牛仔还在上幼儿园，每当他说出这些话的时候，都会引起周围人的侧目，别人先看看他，然后再看看旁边的我，让我觉得特别不好意思。但这孩子一点儿都不知道丢脸，看到人家看他反而更起劲了，甚至还得意地笑了起来。每当这种时候，我都恨不得立刻找个地缝钻进去。

我记得牛仔 4 岁那年，我带着他和别人一起坐车去看演出，他的嘴一路上就没停过，像是机关枪一样，但是嘴里面蹦出来的全是脏话。你把他嘴给捂住，他还要呜里哇啦地说。但人多的时候毕竟还要顾及孩子的自尊，好不容易等回到家，我一刻都忍不住了，于是义正词严地跟他说：“如果你以后再这样说脏话，我就不会带你去任何地方玩，真是让妈妈的脸都没地儿放了。”他回了一句话，差点儿没把我给气死，牛仔说：“我不觉得丢人啊，我他妈觉得挺好的！”

看着他这副嬉皮笑脸的样子，我的面部表情十分严肃，牛仔的爸爸听到这句话，忍不住伸手就想打他。

我一贯不赞成打孩子，因为这件事还跟牛仔的爸爸起过很多争执。每当牛仔说脏话的时候，我都要被他爸爸训：“亏你还是教育专家呢，连孩子说脏话都治不了，你不觉得难为情吗？”牛仔的外婆也常和我们说：“孩子说脏话这件事你们得重视，先不说脏话影响孩子的素质，要是传出去，别人还说咱家教不好呢！”牛仔的大姨也跟着着急：“牛仔，你怎么就不学好呢？”

因为孩子说脏话这件事，我们全家人都特别焦虑。他爸爸甚至为这个拍过桌子，瞪过眼，发过火。可这一发火，反倒像是火上浇油，把孩子说脏话的大火越吹越旺。

我认真学习了一些在他这个年龄段的教育知识之后，才终于明白了孩子管不住自己说脏话的原因。随着孩子身心的逐渐发育，孩子变得越来越独立自主，他也会越发地想要引起周围人的注意。这个时候出格的语言往往是表达情绪的最好方式。父母陪伴较少的孩子，会觉得跟爸爸妈妈说脏话或者说出来给周围的人听，大家就会特别重视他，会觉得他挺厉害的并且已经长大了。这其实是个体希望获得族群认可的一种方式，只不过显得有些过激。

每一个孩子都会有这样一段时期，不独是我，很多家长都曾为孩子某一时期的语言行为感到尴尬。在真麻麻微信后台上，一位妈妈有一段很有趣的留言：周末带孩子逛商场，我不小心放了个屁，担心被周围人听见，正打算拉着孩子遁形。谁知他非常天真、非常兴奋地喊道：“妈妈，你放了个臭屁，哈哈！”我赶紧拉着孩子走掉，未来半年我都不打算再去那个商场了。哎，我家孩子怎么那么喜欢说“臭”呀、“屁”呀、“屎”呀之类的话，怎么都改不了。

孩子天真口无遮拦让人难为情，但如果因为孩子这种正常的心理转型而去大声训斥孩子，人为压抑他，那就更难为情了。所以，如何正确处理孩子说脏话的毛病也是一门不小的学问。

随着孩子的成长，他慢慢获得了掌控自己身体的能力，能够自由地大小便、随意地蹦蹦跳跳，并在身体上学会自我克制。同时，孩子也开始慢慢学习如何表达自己的情绪和情感。所以这个时期的孩子喜欢使用恶毒的语言，喜欢说脏话。随着语言能力的不断加强，他们会逐渐发现语言本身是有力量的，一句话有时候会产生一种强有力的效果，像一把剑一样刺伤别人。

当孩子发现了语言的力量时，他就像获得了一个小宝贝一样，迫不及待地想把它展示给大家。于是，他开始没轻没重、快乐地使用。成年人反应越激烈，孩子越能感受到脏话的力量，不仅不愿意放弃讲它，而且特别关注和喜欢使用这类词。孩子喜欢说带有贬损意义的词汇，并从中获得极大乐趣。这个阶段，无论什么事情都会变成孩子批判、指点的好机会。

孩子喜欢说脏话的原因

通过特立独行的行为寻求关注

幼儿时期是孩子最缺乏安全感的时期，当孩子意识到自己并不具备自我保护的能力时，就会时刻寻求父母的保护，缠着父母，想要父母无时无刻不陪伴在自己身边。

实际情况是，有的家长可能比较忙，没有那么多的时间去陪伴孩子。有时虽然在家，但也只是低头玩手机，并没有好好陪伴孩子，没有跟孩子一起游戏、谈话，弥补孩子空缺的安全感。孩子受到冷落，感到寂寞，于是冲着你做个鬼脸或说句脏话，目的是引起你的注意。此时你如果放下手里的事情，来处理孩子的行为问题，大讲特讲说脏话不好，做鬼脸难看、不文明时，孩子会感到很满足，但不是对你的说教感到满足，而是对你放下手里的事情能和他一起交谈、专门注意他的行为感到满足。这种行为越是收到成效，孩子就越热衷于通过这种独特的方式与家长进行沟通。

对同龄孩子和成人的模仿

在孩子心中，说脏话是成年人的专利，也是他们认为的大人的特征之一。学习和模仿大人是一件特别酷的事情。一旦在幼儿园呈现出和普通小朋友们不一样的举动时，他们就会在孩子中间显得很特别，这能大大满足他们的表现欲。

在小学、中学阶段，同伴是影响孩子行为最重要的因素之一。和同伴之间的关系如何，能否被同伴接纳、认可等，都会对孩子的价值观、态度、行为、习惯产生潜移默化的影响。而且同伴交往的一个重要特点是开始建立友谊关系，亲密友谊关系的建立，使孩子之间的相互影响日益增强。身边说脏话的同学多了，自己也不可避免地受同伴影响，说起了脏话。

幼儿期是语言、动作迅速发展的时期，而幼儿的语言和动作主要是通过模仿获得的。当听到别人说脏话，看到影视片中反面人物的怪模怪样时，他们并不理解那些脏话及怪样的意思，只是觉得新鲜、好玩，因而模仿起来。孩子们的脏话并不脏，他们只是人云亦云而已。

宣泄情绪，获得快感

小孩子也有情绪需要发泄。一般来说，情绪发泄的途径无非是肢体发泄和语言发泄。这也就是孩子们为什么热衷于打架和说脏话的原因。

脏话往往是人在特定情绪下的一种反应，孩子也一样，在发脾气时最容易说脏话。当孩子遭遇拒绝或侵犯时，他会产生消极情绪。有些孩子语言贫乏，只能借助于脏话来表达自己的愤怒情绪。其实在家长的教育下，大多数孩子都知道不能说脏话。但他们之所以仍然这样做，是为了体会超越语言底线的快感，这也是心理尚未成熟的表现之一。

【真麻麻有话说】

既然是孩子特定时期的表达方法，那到底用什么方法才能管住孩子的嘴呢？真麻麻给各位家长推荐以下几个妙招。

第一次说脏话就要重视

很多孩子第一次说脏话的时候，家长往往不会放在心上，甚至不以为然，有时还会为孩子的无知开脱。然而，如果孩子没有意识到脏话的不合理性，就会不断地使用脏话，刻意地学习脏话，慢慢地养成“出口成脏”的坏习惯。

创造“无脏话”环境

常言道，“近朱者赤，近墨者黑”。如果家长说话总是“出口成脏”，那么孩子说出的话自然也会带着父母的影子。所以父母应该提高自身的道德修养，为孩子做出良好榜样。同时可以利用睡前给孩子讲一些有关礼貌方面的故事，让孩子知道不讲脏话、讲礼貌的孩子才是受欢迎的孩子。

父母可以在家里约法三章：大家在家里都不许说脏话。说脏话的要接受惩罚（如不准玩电脑、玩手机）。

不过分夸大对脏话的反应

当听到孩子说脏话时，家长既不要发笑也不要斥责，不要出现过度反应。开心大笑和斥责会从正反两方面鼓励、刺激孩子重复脏话，正确的反应是不动声色、不加理睬，让他觉得这个词毫无意义，重复几次这样的冷淡场景，他就会自动停止说这个词。

“脏话期”如同青春期一样，是每个孩子都会经历的。在有意识的教导下，这个时期很快就会过去。不管是从心态上还是从实际的处理方式上，家长都切忌有过火的举动。

教会孩子正确地表达情绪

不要用“不许讲”来阻止孩子，而要帮助孩子找到正确的说法。可以问问孩子：“你觉得‘大白痴’是什么意思？”他可能会说：“奶奶总是找不到东西，是个大白痴……”此时要及时纠正孩子：“那就应该说：‘奶奶容易忘事’才对呀！”因为孩子大多也并不明白脏话的真正含义，但已经有分辨好坏的能力，所以可以用简洁的话告诉他，说脏话是不好的行为，妈妈不喜欢听，别人也不喜欢听。当孩子有了负面情绪时，家长应该主动去倾听，通过游戏、玩耍等方式让孩子放松和发泄。

黄色糖豆：《呀！屁股》

〔丹麦〕迈普里斯·安徒生 / 著　〔丹麦〕叶世邦·杜拉航 / 绘

内容简介

这本《呀！屁股》对孩子们脑袋里关于屁股的各种疑问，给出了非常幽默而又科学的答案。对待孩子敏感的事情，与其三缄其口，不如摊开来面对面地跟孩子谈一谈，正所谓宜疏不宜堵。

真麻麻点评

这是一本用很直白的话语跟孩子聊隐私部位的书，是一本幽默的科普类绘本，不藏着、不掖着，坦白得十分可爱，从屁股的大小、颜色、形状到个人的卫生，从屁股的礼仪到屁股的功能，都做了有趣的介绍，旨在向孩子们传递这样一个信息："屁股真的好重要啊！"让孩子在欢笑中自然地接受屁股，接受与之相关的屎、尿、屁。

黑色糖豆：《臭臭》

〔日〕谷川俊太朗 / 著　〔日〕塚本靖 / 绘

内容简介

这是日本绘本名家的幽默力作，主人公就是"臭臭"，千万别被书名吓跑，因为这是一本颠覆人们对“臭臭”固有认知的绘本。

臭臭从小狗的屁股里出来，“啪叽”掉到了地上。老鼠、蛇等动物碰到臭臭都是一边喊着“好臭啊”，一边赶紧逃走了。臭臭并未因为大家的嫌弃而自我放弃，而是伸伸懒腰、踢踢腿，出发去寻找同伴了。

真麻麻点评

这本书与其说写的是臭臭的冒险经历，不如说是臭臭在困境中肯定自我、实现自己价值的过程。

紫色糖豆：《放屁的苍蝇》

〔法〕米夏埃尔·埃斯科菲耶 / 著 〔法〕克里斯·迪·贾科莫 / 绘

内容简介

故事从一只眼神无辜却滑稽透顶的苍蝇开始，它放了一个臭屁，却由此引发了蝴蝶效应——苍蝇的臭屁熏坏了蝴蝶先生，飞走的蝴蝶弹落了小花上的露珠，被弹落的露珠吓坏了钻出地面的虫虫，虫虫的惊叫引来了没吃早餐的青蛙……最后的结果是——“地球被枪林弹雨压垮了”。

真麻麻点评

一件小事潜在的严重后果，在一个个荒唐滑稽的连锁反应中被放大到极致，如果孩子真的在亲子共读的过程里看懂这本书，就会懂得“千里之堤，毁于蚁穴”的道理。

棕色糖豆：《臭毛病》

〔英〕芭贝·柯尔/著、绘

内容简介

一个有着好多臭毛病（比如打嗝、放屁和吐唾沫）的小魔怪，只要不顺她的意，她就会大喊大叫、乱踢乱闹……最糟糕的是，她的同学觉得她这样很酷，都纷纷学她的样子。家长们十分担心。但一次生日会让孩子改变了。大人们是如何做的呢？

真麻麻点评

这本绘本不仅能让小朋友享受阅读的乐趣，也能给我们大人启发：想办法让教养变得更有创意，轻松搞定生活中"小魔怪"带来的各种令人头疼的问题。

说多错多，不如不说？

孩子上课不发言，像个闷葫芦，一直都让家长们头疼不已。发言是懂得的象征，发言是勇气的象征，发言是优秀的象征，发言也是获得老师表扬的途径……发言的好处太多了，所以我们一般都会认为：会发言的孩子才是好孩子，不会发言的孩子大多会被戴上诸如“胆小”“人笨”的帽子。

如果按照常规标准来看，牛仔是个好孩子，甚至是一个好得有点儿过分的孩子。我是一个幸运的妈妈，牛仔从小活泼开朗，遇谁都不认生，胆子也特别大，连看见外国人都敢主动上去打招呼。别人都说是因为有一个主持人妈妈的缘故，所以也继承了妈妈能说会道的优点，这孩子上课肯定特别会大胆发言。每当我听到这些话，总是脸上笑嘻嘻，心里苦兮兮。

不知道说这些话的家长体会过我“甜蜜的烦恼”以后，还会不会觉得这是个优点。大胆在需要勇气的场合是大胆，在需要克制的场合就是放肆，所以，我不止一次希望牛仔能在上课时少发言。

大凡老师来跟我告状，牛仔又在学校犯事了，十有八九控诉的是牛仔上课太喜欢插话，提问的时候乱举手，叫他起来又说不出来，可他就是不气馁，越挫越勇，跟举手上瘾似的。牛仔上课爱插话的事情，简直让每个教他的老师都不堪其扰。如果说别的孩子想说的话是一湾湖泊，那牛仔嘴里肯定藏着一片大海，时时在波涛汹涌。前后好几个培训班老师也总是反映他特别爱发言，让课程难以为继。

通过观察，我发现牛仔真的是一挺机关枪，见谁都是先“突突突”来一串没头没脑的语言子弹，以至于我到现在还在疑惑，是不是因为我做了几十年的谈话节目主持人，这爱接话的基因都渗到孩子骨髓里面了？但我做的是让嘉宾更好说下去的工作，而牛仔干的是噎住别人、让别人说不下去的工作。他总是这样，也太容易让老师们反感了吧！

我特意问牛仔：“你上课那么喜欢举手干什么？”

牛仔很天真地回答：“老师经常说，只要你想到了就举手，而且大家都举手了。”

我又问：“那你回答正确的时候多吗？”

牛仔低下头：“不多。”

我怀着好奇的心情接着问：“那你为啥不准备好了再说？”

牛仔大声说：“等我准备好了，老师已经叫别人了，就不叫我了！”

我这才发现，孩子的根本问题在于他太想表现自己，而他往往又做不到完美的呈现，放在课堂上就是“不会”回答问题。这种不会不是说他不敢，他的勇气令我叹为观止，可是因为知识不够丰富，准备又不够充分，并不足以支持他的表现让大家满意。叫他起来他又说不到点子上，只能通过各种插话的方式来表现。这种情况在老师看来纯属添乱，着实令人反感。

一些 80 后、90 后的家长也总是跟我诉苦：孩子太爱发言了怎么办？我不禁感慨时代的变迁，在我们那个时代，大多数孩子都是寡言少语，而现在的孩子平时因为家长开明，接触外面的锻炼也比较早，综合素质比之上一代高了不少，天性之解放让他们喜欢表现自己。但需注意的是，孩子在活跃的同时，还不具备相匹配的表达能力和独立思维的能力，课堂上插话其实只是因为不知道怎么表现自己。

况且，从众的荣誉感作祟，如果真正发言的时候，别人都会，而自己不会的话显得尤其尴尬。在孩子的世界里，成为一个异类是孩子特别不能接受的。所以说，孩子很多时候举起小手也不是出于自己的意愿，只是因为怕别人嘲笑自己。最喜欢举手的人，很多时候并不是最会回答的人。这种形式恰恰违背了课堂发言的初衷。

课堂发言的初衷是提高孩子们上课的积极性，考查和复习原有的知识，训练孩子独立思考的多样化角度。如果演变成孩子炫耀自己“半桶水”功夫的竞赛，意义何在?

因此，我想，敢发言还不够，真正让孩子会发言才行。我也知道，这种情况不能一味地打压，而要加以引导。既然“不会”发言，那么我就去培养牛仔发言的能力。

想通之后，我开始主动带牛仔在家里做课堂的演练。根据上课的要求，预习课堂上要学的东西。拿一篇课文来说，找出里面的生字词，标上拼音，按照主题划分段落，接着按照这篇课文的内容去网上找图片、相关的歌曲等拓展知识面。

为了模拟上课的情景，我还特意在家里摆了一个白板。我让牛仔当老师来讲课，我自己还经常扮演学生在他的课上问问题。有时他被我问住了，还会装模作样地说：“这位同学别插话，好好听老师讲课。”其实我知道，他是想自作聪明地岔开这个话题。经过不少回答不上来插话的尴尬时刻之后，他也开始理解老师的难堪和气恼，上课插话的情况大为改善。

俗话说："言多必失。"不论说话还是做事，都要让孩子养成三思而后行的好习惯。草率说话，不仅很容易脱口而出一些不合时宜的话，更容易让孩子养成随意散漫、说话不经过大脑的不良习惯。

语言是一门艺术，同一个意思用不同的话说出来，给人的感受判若云泥。有这么一个故事：繁华的巴黎大街上，一位老年盲人乞讨者在面前立了一块牌子，牌子上写着"我什么也看不见"，但是很遗憾，收入惨淡。一位诗人经过，决心帮助一下可怜的老人，遂将牌子上的文字改成"春天来了，可我什么也看不见"，结果路人纷纷慷慨解囊，老人收入颇丰。

一个短短的前缀，却升华了整句话的意境，把单纯的诉苦引入一个美丽的前提下。春天多美呀，可是我已经看不见它了，凄惨下还保有一份向往，这份对美好的向往才是唤起人们同情的真正动力。这便是话术的魅力。

教会孩子什么该说，什么不该说。可以运用同理心教育法，让孩子感受被他人不当语言的伤害，从而换位思考；教育孩子不要挑起或参与那些不应该议论的话题。

教会孩子什么时候说，什么时候不说。教育孩子在拿不准怎么说、说什么的场合，不妨先保持沉默，观察一番，斟酌几遍后再开口，不鸣则已，是为了更好地一鸣惊人。

语言的威力是很大的，唇枪舌剑可伤人于无形，"良言一句三冬暖，恶语伤人六月寒"，孩子信口一句胡诌，极可能"说者无心，听者有意"，随之带来大量的矛盾和纠纷。与其让孩子祸从口出，不如藏锋于内，待时而动。

【真麻麻有话说】

在日常生活中，我也经常鼓励孩子表达自己的想法，用自己的表述把观点讲出来。比如平时看电影，我会教他按照各种各样的要求去筛选自己喜欢的电影，聆听不同人的意见来形成自己的观点。

到了现在，牛仔独立思考的能力已经比很多同龄人都要强了。他上课仍然和原来一样爱发言，但无论是观点还是逻辑上都已经完善得多。许多老师也说，牛仔在课堂上的发言很有想法，这一点着实让我感到骄傲。

我们鼓励孩子开口，但是要有目的、分场合地开口，很多时候如果逞强，那么结果只会适得其反。

我们的培养目标不是孩子说一百句错九十句，而是孩子说十句对十句。

绿色糖豆：《我会表达自己》

〔韩〕李赞圭 / 著 〔韩〕安美妍 / 绘

内容简介

这是一本在韩国连续 30 周蝉联童书畅销榜，引起社会话题讨论的热门图书。作者将“发脾气不好好说”“只哭不说”“害怕不敢问”“走神不认真听”等表达方面的 9 个问题通过生动有趣的故事呈现出来。

针对孩子们容易出现的一些表达和沟通的问题，通过一个个生动活泼的小故事和拟人化的小主人公，带给孩子很多表达与交流方面的启发，孩子会在这些小主人公身上看到自己的影子，并在不知不觉中发生改变，做高情商的孩子。

真麻麻点评

如果你的孩子不会表达，不敢说话，那么这套被中国、美国、法国、泰国等数十个国家和地区的家长认可的绘本故事集一定是解决问题的好方法。

橙色糖豆：《在教室说错了没关系》

〔日〕莳田晋至 / 著 〔日〕长谷川知子 / 绘

内容简介

这本书的作者长谷川知子曾获日本第 26 届产经儿童出版文化奖。她的主要作品有《兔之眼》《樱桃托管班的小狗》《一年一班》系列等。

《在教室说错了没关系》可以说是她非常知名的作品，她在书中写道：在教室说错了没关系！只要大家踊跃发言，说出自己的意见，答案对错都没有关系。这些话很能引人共鸣。

真麻麻点评

别害怕说错，别笑他人说错。每个人都要勇敢地表达，说出自己的想法，这样才能在热烈的讨论中，一步一步找出答案。在相互促进的过程中，大家共同成长。接受过这样的训练，你的孩子还会恐惧上课发言吗?

2019 年夏，第十三届中国河南国际投资贸易洽谈会在郑州举行。活动主办方之一的河南省妇联邀请嘉宾苏里南共和国的女大使和斐济共和国的大使夫人等来到我们居住的社区，参加妇女交流活动。下图为牛仔在教嘉宾制作传递中国文化的手工串珠。

道歉这件事并不是“对不起”3个字这么简单

网络上曾有一段时间很流行“路怒族”，他们一言不合就狂按喇叭，降下车窗破口大骂，更有甚者在车流中玩起“别车”大赛，让本就堵塞的路况更加不堪其扰。普通人也就在车里泄泄气，但是好勇斗狠的人不同。网络上相关的新闻，让我看得心惊肉跳。真是应了“冲动是魔鬼”这句话，害人也害己啊！

我们小时候常听说某街区有“街霸”，某大院有“院霸”，他们通常凭借魁梧的体魄来对其他孩子进行武力威慑。我带牛仔看《哆啦A梦》时，里边的角色胖虎就是一个爱打人的孩子。

和动漫里不同的是，现实中很少有不记仇的大雄。我们更常目睹“小霸王”们的父母每次出门，总能听到邻居对这个孩子的控诉：今天把谁家的小孩打哭了，昨天又对哪户的小孩恶作剧了，干的坏事数也数不过来。事情最后往往会发展成大家只要看到这个孩子出来，就会赶紧把自己的孩子带走，像是瘟神降临，惹不起总躲得起。

这种整天就知道打打杀杀的孩子必定得不到别人的欣赏，其人际关系可想而知。家长们可以想象，一个总是以自我为中心的孩子，没有朋友，必然会越来越孤僻，越来越自我，待他长大成人后，我们是不是得担心他因心理扭曲而犯罪？

那么这种孩子是坏孩子吗？我觉得不是。没有天生就爱施暴的孩子，只是因为孩子当时还不完全具备处理问题的能力，所以只能用打的方法来解决。另外，上梁不正下梁歪，爱动手的孩子背后一定也有一个这样的家长。这种家长平时通过棍棒来管教孩子，也从来没有认识自己的错误，更没有道歉的习惯。久而久之，“以暴制暴”的观念便在孩子的脑中形成，坏习惯通过打骂也传染到了孩子身上。

牛仔刚上二年级的时候，最喜欢一起玩的小伙伴就是十楼的敏敏。敏敏的爸爸、妈妈和奶奶也很喜欢牛仔，说牛仔很文明，很可爱。我平时工作比较忙，有时对牛仔照看不过来，于是就让他放学之后去楼上找敏敏玩，一起看书、写作业、玩游戏，敏敏家经常盛情挽留牛仔共进晚餐。我为牛仔能找到要好的童年玩伴而欣喜不已，也为敏敏家的慷慨与和善深深感动。

从一年级一路玩过来的两个小朋友，知根知底，形影不离。两人经常你借我的《米小圈上学记》，我借你的《可怕的科学》，结伴参加作家的签售会，结伴跟我观摩演讲、朗诵比赛，结伴看儿童剧，关系好得跟亲兄妹似的。

可两家大人们都疏忽了一点，因为敏敏是女生，牛仔是男生，他们过于亲密地在一起会引起同学们的非议。其实这个年龄段还没有到男女有别的地步，大人还认为是小男孩小女孩的纯真友谊时，小孩们却制造起风言风语来了。

看到牛仔和敏敏经常在一起出现，有些同学就会给他们起各种各样带有嘲弄性质的外号。可能因为一次在学校里，有人当面议论了敏敏不好听的话，让小女孩非常尴尬。于是在后面的一段日子里，敏敏开始和牛仔划清界限，慢慢疏远了他。

这下牛仔可大受打击，心里一百个接受不了。我还担心牛仔意志消沉、一蹶不振呢，他接下来一个举措更让我惊掉下巴！

不久后的一天，我刚回到家坐下，就接到了敏敏妈妈的微信，说我家牛仔犯了个错误。我立马询问发生什么事了，敏敏妈妈叫我自己上楼去看看。上到十楼一看，我只感觉天旋地转，牛仔竟然在敏敏家门前雪白的墙上用小刀刻上了一行字：敏敏全家都很讨厌，我再也不跟你玩了。

我真没想到牛仔会做出这样恩将仇报的行为。人家对我们娘儿俩的帮助还报答不完呢，牛仔怎么能在人家家门口写这样伤人的话呢？我红着脸连忙向敏敏妈妈致歉，自责没有教育好孩子。

敏敏妈妈问："牛仔，你这么做，是怎么想的呢？"人家话音未落，牛仔脸一扭，脚底抹油就要溜。我急忙抓住他的手说："你刚才不是跟妈妈说错了吗，为什么不道歉啊？"

他显然是在硬撑，直直地梗着脖子，红着脸，眼里噙满热泪说："我已经知道错了，还怎么？还怎么呢？"接着，他还补了一句："道歉也没用，反正都是我的错，我不想说。"

我心里松了一口气，看来平时对牛仔的教育并没有白费，这孩子还能意识到自己的行为是错的，只是因为意气用事而犯下错误。我决定趁热打铁，好好教育牛仔道歉的重要性。

我耐心细致地给牛仔讲了道理，最后他诚恳地向敏敏一家郑重道歉，而且还按照我要求的格式道歉了：

1. 承认错误。

2. 把认识到的影响讲出来。

3. 表态绝不再犯。

4. 口头上的道歉并不够，还需要对错误做出一定的弥补。

我在微信群跟家长们讲到关于道歉的事情时，有家长反映自己的孩子做不到主动道歉。我觉得家长也不要太勉强，因为勉强来的只是简单的“对不起”3个字，没有任何意义，只需要做好言传身教，对错误做出积极弥补，慢慢地引导孩子，他总会有主动道歉的那一天的。当孩子看到我们勇于承担责任，而不是说一些逃避责任的话，他们也会去模仿、去学习。

我永远不觉得道歉是徒劳的，首先道歉向人传达出“我错了，我不该这么做”的悔过态度，而非用一句道歉和自己犯的错误相抵。是的，犯错需要惩罚或者弥补，但在这之前，道歉可以提前让对方感受到我们承担错误的诚意。

生活中一些鸡毛蒜皮的纠纷，完全可以用道歉化解。地铁上不小心踩到他人的脚，或是一个过火的玩笑，真诚的道歉能扫尽彼此间小小的不愉快，难道非要演变成口角乃至拳脚相向吗?

如果我们做的某件事情确实给别人造成了伤害，让别人觉得很尴尬或者很不舒服，那么我们首先应该真诚地道歉，并想想自己还有什么可以做的，来弥补自己的错误，让自己心安，也让别人好受几分。

在这个过程中，孩子学会了承担责任，同时也开动脑筋想弥补的办法，从而提高了解决问题的能力。与此同时，别人看到孩子是有担当的人，会更倾向于冰释前嫌，和他再度交往，这样也就挽救了人际关系。让孩子通过自己做一些事情，来弥补人家的损失其实更重要。有时候我们不需要直接告诉孩子应该怎么做，而是可以通过某些话来引导他自己想办法。

我观察牛仔的表情，他明显是一副内疚、知道自己错了的表情，当时我没有选择大声地责怪他，而是说："这该怎么办呢？"

我经常提醒家长不要代替孩子去道歉，因为这样就不能让孩子体会到自己的责任了。只有自己发现自己的问题，才有利于成长。

后来，牛仔自己选择把刻在人家门边的脏话一点一点地刮掉。我也选择了用肯定的语言，肯定了他道歉的行为，这是有利于他之后成长的。我陪着孩子一起刮干净了刻在人家家门口的话，孩子的反思也就在这些动作之间，并且一点一点渗透到心里了。其实孩子并不是故意做错事情，所以在发生不好的结果之后也会感到内疚，这个时候我们不需要任何的责怪，重要的是如何引导他想办法解决问题，同时让他知道下次不再犯错误的方法。

对于孩子来说，学会道歉具有很重要的意义，我们必须让孩子成为有责任感、勇于担当的人，同时也有利于孩子拥有更强的自控能力和人际关系。

真麻麻小课堂

我们先来说说孩子为什么不愿意说“对不起”。很多孩子小时候是会说“对不起”的，即便不会直接说，也知道自己犯错的时候，用其他方式来表达自己的歉意。比如，孩子会拿自己的零食或玩具跟爸爸妈妈分享，如果这时候爸爸妈妈不领情，甚至说：“哦！现在知道错了？刚才干吗去了？”那么孩子会在潜意识里觉得“道歉并没有作用，既然道不道歉都是我的错，那还不如什么都不说”。渐渐地，孩子就变得越来越不会道歉了。

孩子在10岁之前都是在模仿成人，他们通过观察我们的行为或者习惯来进行模仿，并不是我们简单地告诉他做错事情要道歉，他就学会了如何正确地道歉，以及学会了做人的道理。新闻里“诚信男孩”不慎剐蹭私家车，久候车主不至，留下联系方式希望赔偿。我敢断定，他的家长绝不是撞了人以后敷衍了事的人，而是能真诚反省自己、检讨自己的正人君子。

你可以回忆一下，当你做错事情的时候，有没有对孩子真诚地道歉？在你打了孩子或者冲孩子发脾气之后，有没有对孩子真诚地道歉？如果道歉后孩子依然没有因此高兴起来，你有没有做一些事情让他们高兴起来？这些都是我们的言传身教，只有我们做到了，才能要求孩子做到。

正确的做法是：当孩子犯了错误，爸爸妈妈要鼓励孩子道歉和自我反省。当孩子表达歉意时，爸爸妈妈要接受道歉，并给予正面反馈，并且讲明道理，最后拥抱孩子。这个过程中最重要的是让孩子感觉道歉之后就会真的得到原谅，而不是把道歉变成可有可无的敷衍。

【真麻麻有话说】

道歉包含着两个方面的内容，一方面是对受到伤害的人具有同情心，即理解别人受到的伤害；另一方面则是通过自己的一些行动来弥补自己的过错，同时征得别人的理解和原谅，即要让受到伤害的人感觉好一些。

如果我们看到孩子做错事情后，草草地对人家说一句“对不起”然后就跑开了，好像说完就没他什么事儿了，这样的道歉没有任何意义，因为他根本没有认识到自己的错误，可能只是怕妈妈生气责怪他，万不得已才说出这3个字的。如果是这样的情况，你就需要通过一些方法来教育孩子了。即便孩子愿意道歉，道歉的方式方法也很重要，关键是要让孩子学会以下6点。

思考对方为什么生气

朋友生你的气，你要想想是自己确实做了不对、不好、不合适的事情，惹怒了对方，还是因为和对方产生了误会，比如，赴约没有守时，答应的事没有做到，不经意说出的话令对方误会，或是一而再再而三地犯同样的错误等。生气的理由不同，道歉时说的话也要有所不同。但是因屡犯不改而道歉时，首先要反省自己的道歉意义何在，只是表明歉意而不纠正自己行为，然后下次再犯，求对方继续原谅自己吗？一而再再而三，当道歉沦为形式，那么它还有何价值？

道歉要干脆

如果确认是自己有错，那一定要在第一时间态度诚恳地道歉。每个人性格不同，不用强迫自己去学习别人的道歉方式，只要在知道自己犯错时，第一时间向对方诚恳地道歉，通常都能得到原谅。

注意道歉时的说话方式

向别人道歉时，需要注意自己的说话方式。特别要注意，说话时不能像机关枪，话像子弹一样飞快出膛却不带歉意，毫无感情。

自己有错在先，道歉时要学会忍耐

当你道歉时，也许对方的气还没有消，你的道歉反而会受到无故的指责甚至谩骂。这时要记住“让他变成现在这样的人是我”“是我不好在先”，这样自己就会暂时先忍耐一下，自己的错，要有全权负责的觉悟。如果因为对方气没消对你发脾气，你无法忍受又跟他吵了起来，那么就会陷入一种恶性循环，不但道歉失去了意义，还会加深彼此的矛盾。

不要强求一次道歉就能成功

很多情况下，即便是你已经道了歉，对方可能也并不会立刻原谅你。那就需要有点儿耐心，对着他持续几天不停地道歉。

使用各种方式道歉

连续几天道歉还不原谅怎么办？还可以使用写信、发微信、发手机短信、打电话等各种方式来道歉。

人人都会犯错，犯错后最要紧的是拥有承认错误的诚恳态度和掌握道歉的方法。承认错误的态度和行为非常重要。

红色糖豆：《犯错误没关系》

〔美〕托德·帕尔/著、绘

内容简介

在书中的每一页里，作者托德·帕尔都在用色彩丰富、儿童喜欢的方式告诉孩子们：犯错误没关系，你就是这样学习的。这本绘本帮助孩子建立自信心、自尊感和正确的“错误观”，帮助孩子安心、勇敢地探索新事物，发展自我意识，以开放的心态拥抱生活中的小意外，把“错误”转化为引导孩子发现自我的好机会。浅显易懂的文字表达，轮廓鲜明、多彩亮丽的插画是托德·帕尔的作品特色，它不仅征服了孩子，也同样征服了成人。

真麻麻点评

不知道答案没关系，提出问题有助于你学习；心情不好没关系，你的朋友们会鼓励你；跌倒没关系，你总能爬起来。每个人都有“啊，糟糕”的时候，我们都是这样学习着、成长着的。

黄色糖豆：《大卫，不可以》

〔美〕大卫 · 香农 / 著、绘

内容简介

大卫调皮淘气、爱搞恶作剧，时而站在椅子上颤颤巍巍去够糖罐；时而在浴缸里闹翻了天让家里水流成河；时而在床上蹦蹦跳跳扮超人；时而光着屁股跑到了大街上……做出这些危险举动的大卫却总是摆出无知者无畏的姿态，咧着大嘴得意扬扬地大笑，觉得自己很有本事，是一个了不起的大英雄。

该怎么让他停止自己淘气的举动呢？绘本中，大卫的妈妈每当看见大卫在淘气的时候，总是会用坚决、严厉、不可违抗的命令口气说上一句："大卫，不可以！"但是就像许多家长一样，大卫的妈妈并没能制止大卫淘气的举动。

不过妈妈也知道结果是怎样的，大卫总是会忘了她的话，继续调皮捣蛋。

直到有一天，大卫在屋子里打棒球，把花瓶打破了。大卫被妈妈罚坐在墙角的小圆凳上，流眼泪了。妈妈给了他一个温暖的拥抱，对他说："大卫，乖，我爱你。"这个时候淘气的大卫才真正停止了淘气的举动。

真麻麻点评

大卫系列绘本可以说是每个孩子都应该拥有的绘本，书里的孩子就是生活中孩子们的翻版。不管孩子有多调皮，犯了多少错，母亲的拥抱永远是让他认识错误、改正错误的最佳方式。书中父母给了孩子有规则的爱，让我们看到爱与坚持绝不违和，而孩子也会在看书的时候明确界限的重要性。

演讲非演，而是讲

记得 18 岁那年，我参加了一个以计划生育为主题的演讲比赛，当时有人跟我说："你才多大呢，这种主题的比赛也报名参加？"的确，有很多人都觉得没生过孩子就无法完成这个题材的演讲，可我就偏偏不信这个邪，凭着初生牛犊不怕虎的那股子愣劲，昂着头走上了演讲台，上台就说自己的认知和真切感受。

当时我演讲的题目是《人口列车，请慢些走》，我结合着人口普查的数据和身边生育现状讲得十分动情，从当时的人口基数讲到了未来可能面临的人口爆炸，以及这种状况持续下去可能对社会造成的负担，每一句话都力求真情实感、有理有据。我还讲了自己在采访中遇到的真实故事：一个小女孩每天趴在教室外偷偷听课，是因为她们家只有男孩才能上学，自己渴望读书，却更期待妈妈能够生个弟弟，自己好跟着弟弟一起蹭着读书。我讲的时候，画面再次浮现，以至于上台都忍不住地流泪。

这一路讲下来，我最终获得"全国十佳演讲员"的称号。在人民大会堂被时任全国妇联领导的彭珮云大姐接见时，我还没从演讲情绪中走出来，因而泣不成声，她不禁感慨道："你是真的'真'呢！"回来以后，当业余主持人的我被郑州市广播电视局记了一等功，也因此走上了播音主持的道路……

我二姐评价我：不知道为什么，上了演讲台就好像换了一个人，精神饱满，浑身上下有着用不完的劲儿。但其实我自己心里清楚，那是因为对舞台的无比尊敬和热爱。18 岁那年的我，怎么也不会想到，这次演讲彻底地改变了我的人生轨迹，但当时还觉得不过是漫长时光中一粒微小的尘埃，白驹过隙，如今站在几十年后的站台回首往昔，才发现每一个历史节点都被无限放大，组成了现在的自己。

从事播音主持工作的 30 年间，我没少担任各种比赛的嘉宾和评委，我热爱这些活动，每当看到台上的选手时就感觉像是看见了 18 岁的自己。参加了那么多的演讲比赛，我遇见过太多家长和热爱演讲的孩子。现在的家长都非常重视素质教育，拼了命地培养孩子的口语表达能力和演讲能力。我经常感叹今时不同往日，这个时代给了更多人全面发展的机会。

2018 年暑假，我应邀参加河南省的一个演讲与朗诵比赛。选手们的年龄都不大，在台上显得特别年轻有活力。当时比赛的主题是“红旗飘飘，引我成长”，原本一个充满激情的题目，但在许多孩子的演绎下变得干巴巴的没有丝毫生气和感情。我在台下看在眼里急在心里，这还是演讲吗？明明就是说教！当我们的孩子还不明白什么是热爱的时候，他们就在学着去卖力地推销自己的深情。这是赤裸裸的作秀，是可悲的表演，也是对语言的亵渎。

演讲不应该是说谎，也不是叽叽歪歪地哭穷卖惨，更不应该是装模作样地无病呻吟。我承认，现在有些孩子在演讲各方面的技巧上做得严丝合缝，虽然每一个手势、每一句话的语调、演讲稿的文笔才思都合乎规范，但就是在传情达意方面还做得远远不够。演讲是为了表达，其他的一切技巧都只是为了让听众更好地接受，如此颠倒，不是本末倒置吗？

比赛结束后，我迫不及待地问：“孩子们！今天是‘红旗飘飘，引我成长’演讲与朗诵比赛，那么在这里我问大家一个问题，你们认为自己爱国吗？”回答的声音此起彼伏，有的大声回答“爱”，也有的犹豫着说“不大爱”。看见这样的情况，我接着问辅导员老师：“您觉得您爱国吗？”这次的声音比刚才小朋友们的小了一半。我还不罢休，接着问家长：“家长朋友们，你们觉得自己爱国吗？”他们有的轻笑起来，有的低头不语，有的三两人窃窃私语。看到这样的状况，我就直接面对着台下的观众们讲：“大家看，你们在台上的时候大谈爱国，激动得声泪俱下，到台下的时候却不太敢回答了，那么你们究竟是真爱国还是假爱国呢？如果你在台上说的话连自己都不信，怎么可能奢望自己的演讲能够打动人呢？为什么一站到演讲台上面对话筒时，我们就要说一些可能连自己都不信的话呢？”

原本喧嚣的比赛现场安静了下来。我接着讲：“我知道，也许有很多孩子甚至都没明白什么是爱国，所以从你们嘴里说出来的语言并不能很好地打动我。从今天开始，你们可以不用去生硬地记关于爱国的好词好句了，请发自内心地说一说你在这个国家有哪些真实而美好的感受，祖国母亲给你提供了哪些你离不开的资源，想一想你未来的故事即将在这里发生，你的人生故事正在这里写就，你怎么可能不爱她？”

“演讲不是扯空话、套话，而是要说自己的心里话。演讲的重要作用在于对别人精神的引领和感召，你如果事先都没有说服自己，别人自然也能感受到你的虚伪。所以从今天起，我们都不要说假话，在现实生活中做一个有力量的人，学会身心合一。如果你对这个话题不感兴趣，那么可以选择不讲，等到你有所体会时再说也不迟。”

当我这样一遍遍地从发问再到回答，全场鸦雀无声，所有人都注视着我，好多家长也从开始的不在乎，到后来听得情不自禁举起手机拍照录像。虽然我不是一个爱讲大道理的人，但我始终觉得说话应当合乎场合，大雅之堂当传端庄之语，鸡鸣之所才闻市井之音。无论怎么样，在比赛这样的正式场合就应当全身心投入，用思想的激荡和情感的碰撞为所有人带来难以忘却的听觉享受。

我一直觉得，有力量的人应该秉持知行合一，说自己相信的话，勇敢地做自己认为正确的事。在柏拉图的《理想国》中，勇敢被列为人类的四种美德之一，智慧、节制、正义与之并行，勇敢就是坚持做自己认为正确的事情且无所畏惧。而演讲就是将自己心中觉得正确的事情勇敢且真实地表达出来。

很多家长在比赛结束之后，都来请我指导他们的孩子，但其实父母永远是孩子最好的老师。当你全身心地爱着你周围的世界时，这一份爱和感动也会传递给孩子。当你满腹积怨、消极厌倦时，你的孩子一上台谈起祖国、谈起理想与现实就只剩控诉与委屈，即使强装热爱，也难逃假模假样。没有真情实感的演讲，就如同失去了灵魂的皮囊、动作怪异的行尸走肉。

所以，如果要让我去辅导孩子演讲，我想让他记住的只有一个字："真"。"真"是从演讲稿开始的，一切都来源真实；"真"是要用真诚的情感孕育动人的作品。朗诵是将自己全然沉浸在别人的作品中，而演讲是要说出自己的心里话。这二者无论谁丢失了真情实感，那作品就都处理不好。

演讲是什么？演讲指演讲者在特定的环境中，借助有声语言和态势语言的艺术手段，面对广大听众发表意见，抒发情感，就某一问题表达自己的意见或者阐述某一事理，从而感召听众，进行信息交流。

演讲者要想发表自己的意见，陈述自己的观点和主张，从而达到影响、说服和感染他人的目的，就必须通过与其内容相一致的传达手段。演讲者的传达手段主要有有声语言、态势语言和主体形象。

有声语言是演讲活动最重要的物质表达手段，是信息传达的主要载体。它是由语言和声音两种要素构成的。有声语言要求吐字清晰、准确，声音洪亮、圆润、甜美，并且语调、声音和节奏富于变化，要注意形式美和声音美。

态势语言指演讲者的姿势、动作、手势、表情等，它是流动着的形体动作，能辅助有声语言传达到听众那里，产生效应。

演讲者是以自身出现在听众面前进行演讲的。这样他就必然要以整体形象，包括体型、容貌、服饰、发型等信息，都直接传达到听众那里。演讲者在自然美的基础上，还要有一定的装饰美。

说了这么多，想必大家应该对演讲有了一个基本的认识。可以说，演讲是演讲者带领听众经历的一场旅行。在旅行中，演讲者像一个提前规划好路线的导游，通过预设好的结构内容和呈现方式，带领听众走过一个个用语言凝聚的瞬间，留下一个难忘的记忆。

在当今社会，无论是孩子还是大人，随处可见需要演讲的时刻。大到千百人面前的大型演讲比赛，小到竞选班级干部的竞选感言，这些都可以算是演讲。在人前演讲是提高孩子表达能力和胆量的最好方式。

事实上，越来越多的家长也意识到演讲能力已成为每个孩子必备的技能。很多世界名校的课程中就有一项演讲能力的培养。演讲包含公众演讲、即兴演讲、面试演讲、领袖演讲等。演讲的能力并不是与生俱来的，而要根据语言和所处文化环境的不同进行专门的学习和锻炼。

【真麻麻有话说】

演讲前准备：确定主题、分析听众

年龄小的孩子知识面有限，所以演讲之前更要做好准备。主要流程是在熟悉演讲主题的基础上，分析听众是什么样的人，哪一方面的内容才是听众感兴趣和愿意理解的，以及选择什么样的表达方式。

演讲最基本的立足点是听众的〝听讲逻辑〞，演讲者不要妄想将自己的想法强制塞进别人脑子中去，而是要运用听众能接受的方式让他们自己产生吸收信息的兴趣。

演讲的准备阶段，最考验的就是孩子的创造性思维、换位思考、资源利用、统筹规划能力。所以孩子在准备素材时必须两倍于演讲规定的时间。这样，上场之后才能防止各种意外的发生。

演讲“战场”上的几个小技巧

上台之前：反复练习自己演讲的头三句，杜绝上场后大脑一片空白、提词就忘的突然情况。

出人意料的开场：开场的打磨是一段演讲的开始，也是点睛之笔。你可以用 3 种开场方式在短时间内建立起你和听众之间的联系。

(1) 用提问制造悬念。

(2) 用听众感兴趣的方式切入话题，找到主题与观众之间的联系。

(3) 幽默的开场白往往是缓解开场尴尬局面的最佳法宝。

情感信息表达的几种方式：要让孩子知道，情感表达的方式不止语言一种。在演讲的过程中，观众从演讲中获得的信息有 7%来自语言，38%来自语调与声音，其余 55%来自肢体动作。要想办法增强语言的画面感，让听众用眼睛“听”演讲。表情、语调、肢体语言，一个也不少。

演讲时的技巧

(1) 演讲时，眼睛要看着听众。适时切换对象，让 80% 的听众都感受到你的单独微笑。

(2) 演讲中常用的“金句法”，是结尾的好方法。如果能有一句话让听众久久不忘，你的演讲就成功了。

简单的脱稿大法

从读稿“小白”到脱稿高手，需要3个阶段。

(1) 用PPT代替讲稿，把提示写在PPT的备注里，用“演讲者视图”提示自己。

(2) 用手卡代替PPT备注，把演讲的核心逻辑、关键数据、主要案例、金句写在小卡片上。

(3) 当手卡越来越少，离脱稿就越来越近。

黑色糖豆：《揭秘火车》

英国尤斯伯恩出版公司 编著

内容简介

图书的设计非常精妙，用小手打开翻页，就能看到常规需要透视才能看到的内容，比如车厢里是怎么布置的、火车的机械结构，甚至能看到通行火车的海底隧道是怎么挖掘的。

这是一本特别的火车科普书，从蒸汽机车到柴油机车，再到电气化火车，以及先进的磁悬浮列车都有介绍。

真麻麻点评

这是《看里面》第 4 辑里的一本。翻翻书对于小朋友来说十分有意思，不仅能看，而且可以动手去揭开知识的奥秘。

看完之后，别忘了在家中给孩子创设条件，让他做一场关于火车的演讲。咱们大人就当观众，静静地听他们讲，快乐地为他们鼓掌。

绿色糖豆：《生命之树》

〔法〕帕特里克 · 菲施曼 / 著　〔法〕玛蒂娜 · 布尔 / 绘

内容简介

一对很有生活情趣的老夫妻在居住的小木屋桌子下发现一粒种子，他们精心呵护种子，最终敲破天空，让种子继续成长。

真麻麻点评

提问引发人的思考，我一向认为，会提问的人恰恰是最会思考的人，一个又一个的问题是人们思考路径上的指南针。这个绘本很奇妙地采用一问一答的方式，在问和答之中寻找生命的答案。学会发问，学会在演讲中发问，更是我们需要学习的语言沟通技巧。

因为做主持人，我每天需要面对家长和孩子们的大量倾诉，如果仅用自己的理解去解答，那是不科学的。于是，我考取了国家二级心理咨询师证，读了美国先锋理工学院的应用心理学硕士学业班。左图是毕业典礼上与牛仔的合影，下图是和美国的教授在一起。

第
三
章

CHAPTER 3

妈妈要行动

孩子毕竟是孩子，妈妈毕竟是妈妈呀！做妈妈的总是更高大、更强壮，阅历更丰富，而孩子毕竟还小，即便强大也是貌似强大。所以，做妈妈的一定要用行动去带动孩子成长，引领他一点点进入那些未知的世界，让他去决定、去探索、去感受，哪怕是试错也没什么，反正有你陪着，反正他还很年轻，一切都来得及呢！

• • •

小细节，小吗？

一个好习惯的养成对于孩子发展有着至关重要的作用，它就像一个柔软的外壳包裹着孩子的内心，成为同他人交流时最先触及的地方。有很多家长问我，到底该从小培养孩子哪些习惯，才能让他受益终生？我的答案是：不必刻意寻找，因为每一份善良和自律都值得追随。同时，我也觉得有几点品质是作为一个健全的人所必须具备的。

第一重要的是感恩。当孩子懂得感恩时，值得感恩的事情就会不断发生。心存感激的人，幸运女神也会格外眷顾他。

第二是明事理，懂礼仪。人毕竟是社会化的动物，如果只是出于一己之私去完成自已想做的事，而不在乎别人的任何想法，势必会造成规则上的模糊和意识上的自我突出。而良好的修养和待人接物的本领则可以避免这种后果的发生。

第三就是要养成良好的学习习惯。这样一个碎片化阅读的时代，对我们的学习能力也提出了更高的要求，终身学习的观念也是逐渐深入人心。学习习惯的养成对于孩子的成长发展至关重要。

除了这些，我觉得还有非常重要的一点就是要乐观，积极的心态是面对一切的基础，正所谓“人生到处知何似，应似飞鸿踏雪泥”。我一直是一个自我调节特别快的人，让我满足的事情在我心里能够“保鲜”很久，不开心的事情很快就能忘掉，算得上是一个十足的乐天派。幸运的是，我发现我的这种生活哲学也遗传给了我的儿子。所以他每天经历了什么，有哪些开心或不开心的事情，班级里又发生了哪些趣闻，这些生活中或重要或不起眼的事情，他都爱咧着嘴巴跟我一一分享。

我现在都还记得，牛仔读幼儿园的时候被一个名叫“开心”的小伙伴在脸上咬了一口，当看见脸上带着牙印的牛仔回到家时，我心疼极了，连忙问他：“牛仔，你疼不疼啊？你跟开心不是最好的朋友吗？他怎么会咬你啊？”牛仔一直不说话，眼睛和鼻子却越来越红，于是我忍不住想找开心的家长质询一下。但这个时候牛仔主动制止了我，他带着哭腔朝我喊：“妈妈！妈妈！你不要去找开心的家长。开心是我最好的朋友，他咬我是因为我自己惹了他，然后他没控制住，我也有责任。”紧接着，他又很懂事地说：“你如果跟开心的妈妈告状，我跟开心就当不成朋友了，我不想失去这个好朋友！”

这一段话听起来虽然有些心酸，却十足地感动了我。牛仔能够摒弃情绪用一分为二的观点看待问题，用包容的态度去宽恕和理解别人，这是我没有想到的。我扪心自问，作为一个成年人，都不一定能如此大度。我觉得这就是感恩教育的功劳。

为了让牛仔养成心存感恩的好习惯，我们在睡觉之前总会相互交流一天发生的事情。牛仔是一个小男生，跟妈妈难免有一定的性别隔阂，为了消除他的戒备，打开心门，我就通过编故事来跟他交流。我告诉他：有一天，小象和大象一起来到了一个神秘的花园。大象对小象说：“小象，如果你能够连说 10 件让你感到烦恼和感到快乐的事情，那么前面这座神秘花园的彩色大门就会打开，你将会在里面找到世界上最具有价值的宝藏。”

然后，作为“大象”的我先分享了自己的经历，讲了自己在工作和生活中那些难忘的人和事，比如那些让我意识到自己身处幸福之中的事情，那些让我反思到自己不足的事情。

有了我的引导，牛仔很快就放下了心中的顾忌，第一次跟我坦陈了自己与同学之间交往的烦恼，和老师之间发生的不愉快。这些充满仪式感的交流于我们彼此而言都是难得的体验。当孩子讲出心中的烦恼时，作为母亲的我负责努力地开导他，让他忘却平日的不快，感恩每天的生活，感恩时刻给他帮助的人们。我一直觉得，每天不停地去教导孩子感恩，是让他重新认识幸福的关键所在。

如果你觉得和孩子沟通存在困难，不妨像我们一样，将每天最需要感恩的事情说出来、写下来或者画出来。这样孩子的一生都会受这个习惯的影响而变得幸福起来。每天夜晚临睡前的感恩环节，不是装模作样的仪式，而是第二天行动的指南。对于要感谢的人和事，我们也会有所行动。有一次我们给要好的一位邻居送去了一筐自己种的茄子，原因是在牛仔和我的心中，他们一家给了我们非常多的爱护和帮助。对牛仔特别好的小朋友，我也会让牛仔悄悄地在他的书包里放一架亲手折的纸飞机或者几袋零食。我们两个将这样的感恩行动命名为“感恩计划”，为的就是感恩生活中的一切，传递温暖与幸福。

现在，我和牛仔因为要感恩的对象越来越多，所以也越来越忙了。虽然我们的生活水平并不一定有了质的提升，但是感觉幸福的事情多了，自然幸福指数也就提高了。因为懂得感恩，所以我自信在人生未来的旅途上，牛仔不管面对多大的挫折，都能够一直幸福下去。

为了培养孩子懂礼仪，我在牛仔小的时候就带着他去书院里学习国学。经过一段时间的练习，牛仔掌握了吟诵技巧，去关岛旅游的时候，他还因为吟诵引来了许多镜头的青睐，外国人都对此非常好奇，这一段经历可算是满足了他的舞台欲望，让他非常自豪。在书院里，他还学会了作揖和鞠躬等一系列传统的儒家礼仪。每次我带着牛仔外出，他都特别有礼貌。有一次，我带他去见了我的一位中药老师，他见面的第一个动作就是深深鞠躬，以彰显自己对长辈的尊重。到要送客告别的时候，牛仔会静静地站在原地，等客人的身影消失后，他才会动身离开。古人重情，常有十八里相送的习惯，现在牛仔能够在告别的时刻给予客人礼貌的尊重，也彰显了儒雅之道。所以关于礼仪我认为最重要的一点就在于相互的尊重与理解，而且家长更应身教重于言教。

牛仔在日常生活中是一个活泼开朗的孩子，愿意跟人相识、相知、相惜。对于他这一点，我非常高兴。但是说实话，跟陌生人交往一直是一件很让人发愁的事情。作为家长，我也非常担心孩子在和陌生人交往的过程中出现问题。

牛仔刚开始的时候对陌生人完全没有防备，甚至过于热情。我深知防人之心不可无，所以为了避免意外的发生，就专门让他熟记了一些防拐常识，这样一来他才对陌生人有了戒备心理。有时候会有人问他家在哪儿，在哪个学校上学，每当这时他就会看向我。如果我不看他，他就知道不应该回答。如果我点点头，就是示意他可以回答。这也是我们之间的小暗号。

我一直觉得，有的家长直接教孩子要避免和陌生人说话，这样的行为略有些过激，毕竟，我们不能因为防备一个坏人，就赶走九十九个好人。如果那样，岂不是因噎废食？牛仔的成长经历恰恰也在说明，开放式的社交技能有利于孩子社会心理的成熟。

前面也讲到了信息时代学习的重要性，对于这一点，我也是时刻都在培养孩子的学习能力。我认为，对于孩子来说，最重要的就是小时候培养阅读的好习惯。几年前为了方便牛仔上学，我们选择在学校附近租了一套房，尽管租的房子不大，但我还是在这个新家里设置了一个阅读角，因为我想给牛仔创造一个舒适、安静的阅读环境。为了腾出地方，我特意让房东将沙发和电视机都搬走，自己在客厅的一边铺上了一块小地毯，在地毯上，我还给他配好了落地灯和一张小沙发，让他能够安心阅读。这块小小几平方米的角落就成了我们家的阅读角。

牛仔在家中的阅读角读书，摆在他身后的是我画的油画，这盏台灯是他自己组装的。每天的阅读时光，是他最享受的时光。

我们家每周都要在这块地毯上举行例行的家庭读书会。在家庭读书会上，家庭成员们介绍自己上个星期读过的书，分享自己的阅读经验，并阐述这本书对自己的影响。其实我们家的阅读会还是向刘肖老师（就是我在序言里提到的那个出书的模范爸爸）学习的，没想到还学得像模像样，每个星期都有独特的成果分享出来。

在我们的真麻麻微信群里，也有很多爸爸妈妈都开辟了家庭读书角。截至目前，我们已经累计组建了 200 多个家庭读书会，上千个成员定期发表自己的读书感悟，产生了非常大的影响。

除了创立阅读角和举办家庭读书会之外，我还给孩子买了一个投影仪。每个周末都有一个时间段是专属于我们的电影时间。在那块小小的幕布上，我们已经看过了《我是山姆》《阿甘正传》《蓝色星球》《梦与鸟飞翔》等。好的电影是思想和情感投射的窗口，我坚信这些理想信念已经融入孩子的血液，成为他生命的一部分了。

著名教育家叶圣陶先生说过：“什么是教育？简单一句话就是养成良好的习惯。”习惯是一种顽强而巨大的力量，足以主宰人生。所以应当培养孩子良好习惯，从大处着眼、小处着手，在一举一动、一言一行中逐渐养成良好习惯，而良好的习惯一旦养成，将会成为他们一生受用的宝贵财富。

培养孩子良好习惯的误区

所谓习惯，是指在生活中逐渐养成的比较固定的、自动化的一种行为方式和动作的特定倾向。习惯一旦养成，就很难改变。好的习惯会使人的一生受益，而坏的习惯却会贻害人的一生。因此从小培养孩子良好的习惯不容忽视。家长必须认识到培养孩子良好的生活习惯和学习习惯是关系孩子一辈子的大事，千万不要因为孩子小而忽视它。

目前有不少家长仍然在培养孩子习惯方面存在着误区。

首先是缺乏意识。他们错误地认为习惯的培养没什么大不了的，甚至认为那是学校的事，家长不必管。这种家长一般对孩子的教育缺乏必要认识，在这种家庭里成长的孩子，很容易染上恶习，走上歧路。

其次是方法不当。有些家长在发现孩子有不良习惯时，往往一味硬逼强加，让孩子纠正不良习惯，生硬地禁、堵、卡，甚至训斥、吓唬、打骂、体罚，结果使孩子产生了逆反心理，效果适得其反。有的家长不懂孩子注意力维持时间短的特点，逼迫孩子长时间学习，以图养成他良好的学习习惯，不想适得其反，使孩子养成了边学边玩、不专心学习的坏习惯。

最后是包办代替。这类家长大多溺爱孩子，只求学习分数，往往对孩子宠爱放纵，造成孩子任性、懒惰，依赖成性，自主、自立能力极差，根本谈不上良好生活习惯及学习习惯的培养。

【真麻麻有话说】

孩子的好习惯不是一蹴而就的事情，家长在培养孩子好习惯时要牢记以下 4 个须知。

必须从小、从细、从严抓起

孔子说过："少成若天性，习惯如自然。"所以家长应充分认识培养孩子良好的生活、学习习惯的重要性，并从生活中的小事入手，于细微处开始纠正和培养。

坚持不懈地扬好抑坏，培养孩子良好的习惯

养成一个好的习惯不容易，一经养成就要坚持不懈地耐心引导，使之巩固。克服一个坏的习惯也是难的，发现苗头要善于开导，持之以恒地加以抑制，使之消除。一般来说，家长可以与学校教师密切配合，从孩子很小的时候就要认真地坚持培养孩子良好的学习习惯和生活习惯。

注重言传身教，创设养成良好习惯的家庭环境

家长是孩子的第一任老师。家长自身要消除不良的学习、生活习惯。与此同时，要在家中做好生活、学习时间安排，创设有利于养成孩子良好学习、生活习惯的氛围。例如孩子开始学习后关掉电视机等，家长不做分散孩子注意力的事务，更不要高谈阔论，打牌闲聊，也不要随意向孩子问话，干扰孩子学习。这样容易促进孩子养成定时、专心学习的好习惯。同时注意不要让孩子学习时间过久，影响日常的休息。

加强与学校老师联系，协同培养孩子良好的学习习惯

一般说来，对于孩子习惯的养成，尤其是学习习惯的培养，老师是有一定方法和丰富经验的。家长要经常主动与学校老师联系，了解孩子在校的学习表现，反映在家的学习、生活习惯，虚心听取老师的意见，根据学校培养孩子良好习惯的要求，积极配合老师做好工作。

一些家长总结出“管好四块时间”培养孩子良好习惯的经验，是值得提倡的。具体地说，一是管好孩子早起到上学的时间，督促孩子预习当天学习内容，理好书包，准备上学；二是管好中午时间，督促孩子抽出一定时间阅读有趣的书籍；三是管好孩子下午放学到晚饭前的时间，督促孩子独立思考、专心完成学校布置的作业，自我检查；四是管好孩子晚饭后休息活动直到睡觉前的时间，督促孩子的复习、预习并按时睡觉。

紫色糖豆：《别让鸽子太晚睡》

〔美〕莫 · 威廉斯 / 著、绘

内容简介

天已经黑了，鸽子耍赖不想睡觉。你看他哈欠连天，连眼睛都睁不开了，还是不肯睡觉，费尽心思找了一堆借口：看教育类电视节目、聊天、数星星、喝水……最后连兔宝宝都用上了，真让人没办法！你会让鸽子晚点儿睡吗？

真麻麻点评

全书用淡色蜡笔画成，柔和的温暖色调，加上创意的构图，充分描绘出小鸽子丰富的肢体语言与眼神表情。他那俏皮的耍赖个性，像不像自己家里的小宝贝?

如果平时孩子不肯睡觉，还费尽心思找了一堆的借口，那么就和孩子一起来读读这个故事，让孩子试试看能不能将鸽子哄睡着。

黑色糖豆：《好脏的哈利》

〔美〕吉恩 · 蔡恩 / 著 〔美〕玛格丽特 · 布罗伊 · 格雷厄姆 / 绘

内容简介

哈利是一条聪明可爱的小狗，但是它不爱洗澡。有一天，它听见哗啦哗啦的流水声，就衔着洗澡的刷子跑到了后院，把刷子埋了起来。然后它就跑到街上玩了起来，最后，它由一条全身布满黑点的白狗变成了一条全身布满白点的黑狗。回家后，大家都没有把它认出来，哈利很着急，又是唱歌，又是跳舞，还装死。但大家还是没能认出它，哈利很伤心，跑到后院把它埋的刷子刨了出来，洗澡后，它又变成了一条全身布满黑点的白狗。

真麻麻点评

在你的家里是否也有一个总喜欢跑出去疯玩后脏兮兮回家的"哈利"呢？家有男孩的家长，是不是对故事里的情节特别能够感同身受呢？各位家长赶快给孩子读读这个故事，让孩子和哈利一起变得爱干净起来吧！

黄色糖豆：《憋不住，憋不住，快要憋不住了》

〔日〕土屋富士夫 / 著、绘

内容简介

这是一本充满紧张情绪的图画书，更是一本充满幽默而又包含成长体验的图画书。它讲的是一个小孩在梦中寻找厕所的故事。他在一个百货公司想找厕所尿尿。结果他遇上长颈鹿，被带到长颈鹿的厕所去；结果他遇上蝙蝠，被带到蝙蝠的厕所去；结果他遇上鬼精灵……好不容易找到一个适合自己的厕所，结果又被妹妹先占领了。当他终于找到一个厕所尿尿后，大大松了口气，结果又是什么呢？紧张的环节一个扣一个，最后的结局又让我们每个人都能感受到成长中的尴尬，亲切而有趣，再加上画面的夸张感与想象力，让人读后不由得乐开花！

真麻麻点评

这本绘本讲述的是一个非常紧张的故事。在故事里，有一个小孩一直在梦中寻找厕所。当他好不容易终于找到厕所，快要松一口气时，意外又发生了。究竟发生了什么呢？一个做梦尿床的故事通过紧张的情节，带领孩子理解自己正常的生理体验。

有所忍，有所不忍

校园暴力是现今一个严重的校园问题，它关乎心理健康、人格尊严乃至人身安全。据调查，近年来低龄人群的江湖习气和“暴力崇拜”现象日趋明显。纵观青少年暴力行为，既有个体的心理原因，又有复杂的社会心理背景。从心理学上讲，狭隘、自私、唯我独尊、好占上风是青少年走上犯罪道路的内因，而不良社会环境的熏染、错误的家庭教育以及心理健康教育的缺位，是不容忽视的外因。

处在校园霸凌下的孩子们如同深陷迷茫的沼泽，像风雨飘摇中一叶孤舟，行将被恶行所吞没。

牛仔刚上小学时，我最担心的不是他的学习——识多少字，会多少道算术题，背多少单词，在当时的我看来未必那么重要，他的路还长，不必操之过急。隔三岔五听闻他打架的消息，这才让我操碎了心！我心下纳闷儿，牛仔这孩子从小性格就很好，从不轻易跟别人发生冲突，我对他待人接物方面一直很放心。他在自控力更弱的幼儿园时候都没有“前科案底”，怎么上小学后一下子都快上升到“无期徒刑”了呢？

我相信事出有因，每次牛仔和人打起来了，我让他自述挨打的理由，着实千奇百怪，甚至有一点儿荒谬。他说：“小宇同学上课的时候，看见我瞅了他一眼，下了课他就抓着我打了一顿；小雷同学下课的时候非说我把他的水杯碰到了地上，抓着我就又打一顿……”

听到这，我心里也憋着点儿火，批评的话不禁脱口而出：“你看，总是有原因吧，你要不惹人家，人家会惹你吗？”我问牛仔：“面对这些纠纷，你是怎么做的？”他回答说：“我开始忍了，后来忍不了就不停报告老师，老师太忙来不及管，我就直接打回去了。”面对他的回答，我的第一想法是：怎么打回去呢？君子动口不动手，我一直很重视对牛仔品行的教育，自觉打架是街头混混的恶习，文明人要讲道理。

虽然孩子是被欺负的一方，但我坚持，无论如何牛仔打人总是不对的，打人一定是孩子自己也有原因。因我不是当事人，也不便主动去问别的孩子。所以，每次牛仔打完架之后，我只能严厉地批评他、告诫他：“下次千万不能再打架！”

可是后来我发现，打架这一问题频频出现，如果说它是植根在牛仔身上的病，那么我当时并没有意识到，牛仔在我的教育下，“病情”一日重过一日，已然“病入膏肓”。事态发展到什么地步呢？每天放学回家，牛仔身上常青一块紫一块，真的是遍体鳞伤。但我依然认为牛仔需要承担相应的责任，给他上药时仍不忘责怪他。

直到有一天，我带着刚打完架的牛仔去见孩子学校的大队辅导员刘利梅老师。刘老师曾获得过“全国优秀大队辅导员”称号，很有教育经验，她看着受伤的牛仔，跟他对视片刻，问了一句：“你打架，是不是因为他们欺负你啊？”说完这句话，牛仔深深点点头，头抬起来的时候，泪水已经蓄满了眼眶。

辅导员刘利梅老师看了我一眼，饱含深意地对我说了一句：“这孩子是真受欺负了啊！”

这一句话明显是戳中了孩子的心口，牛仔悲伤汇聚成的泪水也深深地刺痛了我的心。原来，我一直都在固守自己作为知识分子的那一套，让孩子为了我的教育理念一味忍、一味让、一味退避，我全然没有想到，他面对的“敌人”并不值得退避三舍，反而会因为他的忍让而得寸进尺。

“忍一时风平浪静，退一步海阔天空”固然不错，但是面对丑恶时一味退让，实质上等于送给了他人一个欺负自己的理由。当牛仔的尊严已被侵犯，这都要忍，我还能指望以后他的脊梁硬起来吗？

从此之后，我为校园暴力积极发声。通过广泛调查后，我发现在每一群孩子里，都有一个相对的弱势者，因为他好欺负，仅仅是因为他好欺负，他就成了卡尔维诺笔下的黑羊，成为一切伤害的承受者。人性里的恶需要一个流向，欺软怕硬的本性会让人把恶意都倒给弱小者，黑羊饱受欺凌，却是代人受过啊！

作为妈妈，我还有太多地方需要去调整，原本以为是自己孩子的错，哪里知道他根本就是无辜的，难怪他心中委屈翻江倒海。我实在后悔万分，因为我曾一次次在牛仔彷徨无助时，没能够耐心地听他说完，没能站在他的角度看一看事情的本质，反而是一听就马上责备他。

有一个故事是这样说的：父亲让孩子踩着梯子爬上树，孩子照做了，当他爬到高高的枝丫上后，父亲收走了梯子，训斥他：“你看，轻信他人的后果就是这样，现在你自己跳下来吧，我不会接住你，你需要长一个教训！”孩子一看，这个高度对他而言摔下去一定十分疼，但是看着父亲冷漠的样子，他咬着牙忍着泪闭上眼纵身一跳，结果发现落入一个宽阔温暖的怀抱，父亲微笑地看着孩子，轻轻在他耳边说：“我更想让你明白，如果爸爸妈妈都不可信任，你还能信任谁？”

试想，如果连亲爱的父母都不能提供必要的帮助，孩子长大后怎会相信世界的温情，又怎会相信别人的帮助和善意？

更不敢想，如果长时间如此，孩子势必会慢慢封闭自己的心灵，情况也会随着他的成长一路恶化，直到不可收拾。小时候正是脆弱的时候，受到欺负很容易弥漫成一生的阴影，如果不能好好地解决，他长大后也可能会变成一个懦弱的人。

孩子还小的时候，身心没有发育完全，遇到挫折和困难的时候最容易行使的就是肢体动作。强烈的情绪战胜了大脑中本来就不够成熟的理性部分，于是产生攻击性的行为，这也是孩子们之间总是一言不合就动手的主要原因。

仔细观察和思考，你会发现，在我们心中，情绪与理性、爱与恐惧一起构成两极。二者之和是个常量，二者的关系则是此消彼长。强烈的恐惧之心会让你情绪化更严重，或是胆小懦弱，或是暴躁易怒。这些表现都会伤害到身边的人，伤害到我们所爱的人——懦弱或是暴躁的孩子，父母很可能缺乏爱的能力。

帮助孩子学会正确的表达方式，是解决暴力的最佳方法之一。

下面来对号入座看看真麻麻眼中最不可取的几种方式。

帮孩子打回去

哪个孩子不是自己家里的宝？被欺负了还怎么得了？性格彪悍的家长直接叫自己的孩子打回去，或者直接去找对方的家长理论。在这个过程中，难免会发生各种不愉快的事情，甚至会引发双方家长撕破脸皮的一番大战。

打圆场

这是很多家长碰见熟人的普遍做法。对自己的孩子说："没事，不就是碰了一下吗？”面对抬头不见低头见的对方家长不好撕破脸皮，最后就只能不了了之。这样做反而会让自己的孩子很受伤害，看似大度的做法，实际上是打击了孩子的自信心。

避而不见

面对着不熟悉的孩子，作为大人又不好意思计较，最后只能选择走为上策。但越是这样回避的做法，越会让孩子养成懦弱的性格。

【真麻麻有话说】

进入幼儿园或者学校后，与他人的冲突和矛盾是孩子生活中不可避免的一部分，学会独立解决这些问题很重要。那么，作为深爱孩子的家长，遇见孩子被欺负这种情况，我们该怎么办呢?

如果单方“护短”，则很容易给孩子形成万事只要动用拳头就能解决的印象。在未来的生活中，孩子可能很难把控自己的情绪，成为欺负别人的“坏孩子”。当孩子遇到问题或冲突，不知道怎么解决时，家长应该提供必要的支持，让孩子有力量和方法自己去面对，做一个“正确护短”的家长。

方法 1：允许孩子用尽量多的语言描述当时的情况

在孩子遭受欺负的时候，最需要的就是来自家长的理解和安慰。如果父母能够明确地站在孩子这一边，与孩子一起共情，情况会有很大的好转。在此基础上顺水推舟，不断地引导孩子的情绪，给出自己的建议，教他如何去解决这些问题，以便再度发生这些事情时孩子知道该如何处理。此外，家长还应鼓励孩子勇敢地进行沟通，锻炼他们解决困难的能力。

方法2：减少孩子“受害人”的情绪，教孩子对施暴者正确地表达自己的想法

不要总是试图在孩子面前刻意强调问题的严重性，这样会很大程度上影响孩子的负面感受。很多时候，孩子之间的冲突大多是由于双方不知道如何表达自己的想法，玩得“太过火”所致。如果家长能够教会孩子表达自己想法，说出“我不喜欢你这样”“你再这样我就不和你玩了”这样的话，孩子之间的冲突会少很多。

方法3：用一身正气保护自己的合法权益，家长要尊重孩子的选择

让孩子体验自己的力量，他越是觉得有力量，越不会通过欺凌弱小证明自己的力量。每个孩子都有自己的选择，选择沟通也好，选择不再做朋友也好，做家长的只有尊重。

很多时候，家长要做的很简单，保护自己的孩子不受伤害，但也要让孩子不去伤害别人。在这个过程中，很多孩子不是遭受欺负那么简单，有时候也会因为自己的情绪伤害别人。

问题又来了——为什么挨打的总是咱们孩子？请反思一下：作为父母，你允许孩子拒绝别人的要求吗？

孩子们在一起玩，总有人想玩别人的玩具。这时很多父母就会大方地要求自己的孩子说：“给他吧，好朋友当然要分享。”若孩子不同意，父母便以各种条件去命令他收回这个“不”：“你给他玩，我带你买新的。”“别那么小气，你是大方的男子汉。”

你看，在短时间里，你满足了别人的孩子，成了一个别人的“好阿姨”，但对自己孩子却有了提示：“别人要玩你的东西，你只能接受，说‘不’就等于自私，不管你的内心有多难过，不要理会。”

话分两面讲，当自家孩子欺负别人怎么办?

每当孩子管控不住自己情绪的时候，家长最需要做的就是迅速站出来，拉住孩子的手，用坚定的语言告诉他：这样是错的!

要让孩子了解自己冲动行为背后的原因，探讨除了动手之外还有没有能更好表达自己想法的方式。

在孩子冲突的背后，远远不是“打人、打架、吵架”这样的表象，而是“怎样表达自己的想法、怎样说话、怎样正确处理自己的负面情绪”等更为深层次的问题。

对很多小孩子来说，大部分暴力行为可能都是因为不当的表达方式引起的，所以帮助孩子学会正确的表达方式，是解决暴力的最佳方法之一。

当孩子生气的时候，可以教他说：“这都不是事儿。”“让我先想想自己有哪些地方做得不对。”“我为什么会生气呢?”

橙色糖豆：《生气汤》

〔美〕贝西·艾芙瑞 / 著、绘

内容简介

这一天霍斯过得很不高兴，他带着一肚子怨气回家。但是，霍斯的妈妈却知道怎么处理那一肚子的怨气——那就是煮一锅“生气汤”！

真麻麻点评

你看这位妈妈一不批评，二不教训，三不追问。她知道，在这种场合讨论儿童行为规范没有任何意义。而且生气嘛，本就是天赋人权，不应该压制孩子的情绪，而是要教孩子学会自我疏导。

红色糖豆：《我变成一只喷火龙了！》

〔中国台湾〕赖马 / 著、绘

内容简介

波泰是一只蚊子，专吸爱生气的人的血，并且将“喷火病”传染给他们；这回，波泰相中的对象是爱生气的古怪国的阿古力，阿古力被波泰叮了后，只要一开口便会喷火，他把自己的家烧掉一大半，把汉堡烧成炭堡，邻居遭波及，甚至连好朋友吉普拉也被烧伤。

真麻麻点评

这个故事通过夸张有趣的情节，充分表现了生气这种情绪就像一只喷火龙，极具破坏性，既伤人又伤己。这个故事特别适合经常有攻击行为的孩子。

蓝色糖豆：《敌人派》

〔美〕德瑞克 · 莫森 / 著 〔美〕泰拉 · 葛拉罕 · 金恩 / 绘

内容简介

对于小男孩来说，这原本应该是个完美的暑假，直到杰米搬到附近，成为他的头号大敌人，事情就完全变样了。幸好小男孩的爸爸有消灭敌人的必胜绝招——敌人派。但是这个派的其中一个秘方，竟然是必须和敌人友好相处一整天！在这个趣味横生的故事中，小男孩学会了将自己的头号大敌人变成好朋友的秘诀。

真麻麻点评

每个人都有敌人，那就是自己不喜欢的人，面对自己不喜欢的人，我们应该如何做呢？书中的爸爸想出了一个很好的办法，教会儿子如何面对自己的敌人。相信这个故事对孩子一生的成长都有着潜移默化的影响。

真麻麻群的长玲妈妈组织了一次『谢谢妈妈茶会』，大家一起学习茶文化，她还在茶包上精心写了『谢谢妈妈』四个字，让孩子懂得感谢母亲的养育之恩。

争做大丈夫，拒当大男子

春节期间，我们带着牛仔去一个好朋友的老家做客。朋友的老家在乡下，在这里，我们看到的是一幅迥异于城市的画面。

饭桌上，男人一桌饭，女人一桌饭，当地风俗规定男女不得同桌，即使是夫妻也不行。男人桌上有酒，女人桌上没有，这并不是体贴女人，而是认为女性没有资格享用酒这一资源。男人在酒桌上划拳猜枚，什么也不用做，女人必须在厨房里做饭。

我想入乡随俗，于是和朋友一同去帮厨。贴心的儿子拿着餐巾纸跑到厨房帮我擦汗，他很好奇地问："妈妈，为什么他们男的不来厨房里做饭呢？"听到这句话，我为儿子感到高兴，小小年纪就知道换位思考了，而且还知道体恤自己的妈妈。我微笑着说："他们这是大男子主义！"他说："男的为什么大呀？是因为男的年龄大吗？是因为男的个子高吗？"

在牛仔眼里，或者说在大部分孩子眼里，男女都应该是一样的。的确，科学研究表明，男女之间只存在体魄的差距，并没有智商的差距；男女之间有思维方式的差距，却没有能力的差距。

对于这个沉重的问题，我思来想去好久，觉得谈历史、讲制度会让牛仔难以理解，只好反问他："你知道'妻管严'吗？"牛仔回答："当然知道，可是这和大男子有什么关系？"我说："'妻管严'是指凡事要听从老婆大人的指示，女人拥有话语权和决定权，那么她就是大女子。”

牛仔点点头表示理解，我心头的千言万语化作一句话：“大男子主义就是重男轻女，我们脚下这片土地，过去几千年的人都认为，天塌了有男人顶着，根本不需要女人。”听到这里，牛仔又不愿意了，他说：“那女人干吗去呀？那我要是不想顶着天，是不是就可以当女人呢？”

我一时无语，牛仔，你要知道女人不好做啊！大男子主义者首先把女性当作物品，具有观赏和享受价值，其后才是她们作为人所具备的权利。

我希望牛仔做一个大丈夫，而不是大男子，大丈夫是孟子笔下“富贵不能淫，贫贱不能移，威武不能屈”的大丈夫，男人之所以是男人，是因为男人天生就有让他所爱的人幸福的义务。这种义务是需要爱才能实现的。没有爱就不可能奉献，就无法承担男人天生的义务，所以并不是所有男人天生就会做男人的。男人还需要不断地修炼自我，炼出宽阔的胸怀、乐于奉献的品质，这才能成为一个好男人。

我告诉牛仔：“性别是天生的，但是标签是后来人加上的。你背过《木兰辞》，花木兰替父从军是不是以女儿身做男儿事，照样顶起了半边天。我还和你讲过民族英雄秋瑾的故事，她是一个伟大的人，她的豪迈和勇敢证明了女性并不比男性差。大男子主义者给女性贴上了无能的标签，实际上是因为他们害怕，害怕女性超过自己，所以拼命地贬低女性，试图压制女性的发展。”

牛仔若有所思，我知道他理解了。其实性别问题归根结底是个哲学命题，很多家长都没有意识到，只是单纯以“男女有别”为理由限制孩子与异性之间的交往，更没有教过孩子尊重女性。

男女平等是我们的一项基本国策，大男子如不加以改造，谈何男女平等？

真麻麻小课堂

如何让男孩远离大男子主义思想？

养育男孩的时候，家长应谨防在孩子头脑中灌输大男子主义思想，有以下几个建议可以一试。

鼓励他与女孩交朋友

会和女生交流的男孩，情商都特别高，因为女生心思细腻，了解女生可以让男孩的性格融入一部分柔软的特质，过刚易折，刚柔并济才是正道。性别隔离培养出来的男孩子，单线思维通常会强化性别的刻板印象，养成大男子主义的坏习惯。

家长应该鼓励孩子勇敢地跟异性交朋友，克服偏见。让男生和女生一起参加生日派对和运动队，可以让孩子相信，用性别偏见来进行性别歧视是不合理的。能和女生保持友谊的男孩很少会把女性当成征服对象。

与儿子谈论男性应该如何保持工作和家庭的平衡

大声告诉男孩，不仅女孩需要在父母和亲戚年老的时候照顾他们，男孩也需要这么做。厨房不是女孩的专属，也可以让男孩为生病的朋友熬汤，或者为妈妈准备一顿惊喜晚餐。

另外，让男孩们承担照顾宠物和弟弟妹妹的责任，鼓励他们看护、教育弟弟妹妹们，甚至是送小宝宝去上学等，这些方式都能有效增加孩子们的同情心，减少其攻击性。

为孩子提供一些开放式的活动

玩砖块和黏土在大男子主义者看来就是“女气”的，这都是错误的观念。我们要鼓励男孩们尝试与装饰和艺术有关的课程，即便他们没有主动要求学习。

跟孩子说出反击刻板印象的话语，比如“玩具小屋都是给女孩的，这可真糟糕，我知道男孩也会喜欢玩娃娃屋的”，这种做法也可以提高孩子心中的女性地位。

粉色糖豆：《小猫玫瑰》

〔波兰〕皮欧特 · 魏尔康 / 著　〔波兰〕约瑟夫 · 魏尔康 / 绘

内容简介

关老爷住在黑猫岭上。有一天，关老爷的夫人生了 4 只黑猫，这让他欢天喜地。可接着他就伤心起来，因为夫人还生了一只小红猫。“天哪！我家出了一只红猫，真是家门不幸！”这只名叫玫瑰的小红猫很任性，想做什么就做什么，和老鼠玩，和老狗睡觉，这不但让邻居们生气，连妈妈也发火了。于是，玫瑰对妈妈说：“妈，您让我走吧，我要过我自己的生活。”

很久以后，关老爷和关夫人才在电视上知道，女儿成了著名的摇滚歌星。有一天，玫瑰带着自己的孩子回来看外公外婆了。不过，4 只小猫里有 3 只小猫是红色的，一只是黑色的。

真麻麻点评

这本书不仅讨论性别，还进一步探讨了种族平等问题。

棕色糖豆：《灰王子》

〔英〕芭贝·柯尔 / 著、绘

内容简介

男生真的一定要强壮结实、毛发浓密才会幸福吗？而女生又一定是那个在家洗洗涮涮，干着永远也干不完的家务活的灰姑娘吗？芭贝将她对男女性别的思考，以她独有的趣味方式讲述故事。在《灰王子》里，芭贝继续她的颠覆，继续她的幽默，继续她的创意，继续她的新女性主张。

真麻麻点评

这是一个浪漫而自由的性别故事，探讨了关于性别意识与社会角色等一系列的成长话题。

不尴尬的性别教育

我从小生活在一个 4∶1 的家庭当中。我说的 4∶1 是指性别，我们家 4 个女性：3 个姐妹和妈妈，1 个男性：爸爸。大姐和二姐告诉我，在她们小的时候，妈妈其实是想生一个男孩的，没想到生出来又是一个女孩。姐姐们的叙述如下：

“在 40 多年前的一天，爸爸告诉我们，妈妈大肚子里的孩子终于要出生了，我们非常想去看一看期盼中的弟弟。等到中午爸爸回来的时候，哈哈大笑着说，你们猜妈妈生了什么？老大说，今年是狗年，肯定是生了一个小狗！老二说，妈妈肯定是生了个弟弟！爸爸瞪着明亮的眼睛，诙谐地宣布：‘告诉你们吧！又是一个妹妹！’听到这句话，我们眼里的期盼都暗了下来，两个人异口同声一阵叹息。”

“娘子军”组建成功，家里除了爸爸，再也没有别的雄性生物了，我们对男孩子的好奇，活像从《西游记》的女儿国里走出来的一样。

小时候我是如何接受性别教育的，现在还记忆犹新，当时的家属楼里每层有 3 家住户，我们这一层的另外两家都是男孩居多。记得每年放暑假，我都要和他们一起坐在楼梯上打牌，或者是坐在楼梯上择菜。

6 岁那年，有个邻居家的哥哥说：“每天这样跟我们光着脊梁在楼道里玩，长大以后你还这样吗？”我记得我扭头鄙夷地看了他一眼，勇敢地说："当然啦，你敢光，我就敢光！"没想到这句话后来被他们嘲笑了很多年。现在想想还是性别教育不到位，才让我说出那句可笑的话，我完全不知道人长大后会有第二性征，男女会有如此多的不一样。

等到我终于生孩子了，我发现，原来还有比我更有趣的人。这个有趣的人就是牛仔，他曾经跟我说过男生和女生的区别，让我哭笑不得。

当牛仔还在读幼儿园的时候，我问他："你知道男人和女人的区别吗？"

他回答说："当然啦。男人的小鸡鸡长在正中间，女人的小鸡鸡长在旁边。"

孩子这么说是有原因的。2009 年，我生儿子的当天，母亲恰巧在医院里开刀。母亲当时罹患非霍金性淋巴癌，癌细胞布满了她的膀胱、卵巢和子宫，无奈之下，医生只好把这些部件全部切除，用一截瘘管充当导尿管，一直放在她身体的右边。

我和大姐、二姐得每天轮流帮妈妈清洗这一节悬挂在外面的瘘管，而孩子每天临睡之际，看着我们做这一切，对比着自己的生殖器官，于是就以为女生的"小鸡鸡"长在旁边。

后来，我大姐问牛仔："什么样的人是男生？什么样的人是女生呢？"他的回答又变了："男生睡上铺，女生睡下铺。"因为在他们幼儿园就是这样的。

再后来，若有人再问牛仔，什么样的人是男生，什么样的人是女生呢？他就会指着小鸡鸡，再摸摸自己的小乳头说："这里不一样。"

直到有一天，他在幼儿园里真正地理解了男生和女生的区别之后，很认真地问我："妈妈，你有没有感觉作为一个女人很悲哀啊？"

我很惊奇地问他："为什么呢？"我还纳闷儿，是不是我向牛仔抱怨得太多了，以至于他认为我作为一个女性的人生很可悲。

结果牛仔说："你看，你们女的一天到晚都得做饭。可男的多好啊，发发脾气就可以了。男的只负责写书，女的要负责打扫卫生；男的只负责看书，女的还要负责开车；而且男的可以当官，女的不能当官。"

他对我和他爸观察得还真细致！不过他的话让我感到很震惊，孩子怎么会这样去看呢？之前，他能直指自己的隐私部位，说明他知道男女身体构造不同，这是人的生物学属性；另一方面，他对于爸妈的认知却是社会带给他的，也就是社会性别意识，他认为"女性可悲"的错误观点明显是受到周边人影响的结果。

我曾经参与过中华女子学院关于社会性别意识的专业培训，本身就很反感这样的大男子主义思想。先不提这种思想本身就是错的，如果他继续下去，对于他将来与女性打交道会造成很多的麻烦。试想，你是一个活泼快乐的女生，有一天，突然有一个男生认为你要为男性当牛做马，你很可悲，你会怎么想？这男生不是个神经病吗？我不能让牛仔当神经病。

所以接下来，我抽了整整一下午的时间来纠正他在性别认知上的错误。

我找来两张大纸，一张纸上写男，一张纸上写女，让他把形容男人和形容女人的所有词汇都写到上面。在这个过程中，我注意到，写有"女"字那张纸上，他写了温柔、美丽、优雅、善良和忠诚。写有"男"字那张纸上，他写的是勇敢、坚强、豪迈、健壮和粗犷。

我说："男性就不可以用温柔来形容吗？"

他憋了很长时间说："那就是变态了。"

我反驳："那电视上我们看见的那些会谈恋爱的男人，是不是很温柔？"

他承认："是的。"

接着，他又跟我说："只是因为爸爸说话声音很大，所以我觉得男人说话就是那样的，大声嚷嚷就可以了。"

孩子这些话让我感到很悲哀，我又问他："女的可不可以勇敢？"

他看了半天说："妈妈，你说你算不算勇敢呀？那你是男的吗？"

听到这句话，我笑了，反问他说："那你说我是男的还是女的？"

这孩子一下就傻掉了。我接着说："其实男的也可以温柔，女的也可以勇敢。"

他很快地迎合着我："对呀！"

后来，我们用这种方式进行对话、反思，逐一探讨了后面的这几种性格。终于，他意识到，原来我们对男人和女人的解读，影响了男人和女人在社会上的发展。

你看，社会性别意识就这么深地影响到我们的孩子。读者朋友们，在你们家是不是也传递过这样的错误观念？诸如"只有女人才做家务""男的天生就比女的优越"……如果始终让孩子接受这样的思想，那很容易让孩子养成错误的甚至是扭曲的性别认识，对孩子以后和异性交往会造成很多障碍。

真麻麻小课堂

专家指出，对孩子进行正确的性别角色教育是非常必要的，这不仅关系到孩子日后正常的社会交往、恋爱、婚姻、家庭生活，还会影响其心理发展。社会实质上是基于男女性别分工的集合体，认识社会的第一步，就是认识同性和异性。

帮助孩子建立健全的人格是性别教育最终的目的，所以说性别角色意识对孩子成长起着重要的作用。虽然当今社会追求男女平等，但这种平等是在尊重自然性别特征前提下的平等发展，是塑造人格的平等，不是性别无差异的平等。

不论是男孩还是女孩，都应在发挥自己性别优势的基础上，注意向异性学习，克服自己的弱项，促进身心的全面发展和人格完善。

在现代社会，我们要教会孩子的是男女平等的生活教育。从这个时候开始，就要开始灌输男女平等的观念。将男女之间的教育严格地区分是不对的，必须让他们知道女孩和男孩一样能画画、唱歌、投球等，从平等的意识上去进行教育。

只有在言行、起居、服饰等方面进行“像男孩样”“像女孩样”的教育，才是真正意义上的性别教育。父母不能逃避教育责任。

【真麻麻有话说】

3 ~ 6 岁，对孩子进行性别教育的最佳时刻

孩子的性别角色意识从 3 岁以后就开始建立了，而真正形成性别角色意识是在孩子进入青春期之后。

6 ~ 12 岁的小学阶段，属于孩子性别意识的潜伏期，孩子的注意力转移到学习社会知识和兴趣的培养上，但也开始渐渐认识到性别不同给自己带来的影响。如果从小就对孩子进行性别教育，则更有利于孩子形成健康的人格，为他们进入青春期后正确处理两性关系打下牢固的人格基础。

幼儿阶段所受的影响要比青春期孩子所受的影响大得多。家长和幼儿园应该对 3 ~ 6 岁的孩子进行适当的性别教育，传授给他们一些基本的生理知识和自我保护意识，让孩子对自己有一个最基本的认知。

不要混淆孩子的性别打扮

过去在有些地区会有这样的习俗，如果男孩体弱多病，则要把他装扮成女孩来抚养；有些爸爸妈妈不满意孩子的性别，或者仅仅为一时好玩，随意改变孩子的性别装扮：给男孩穿裙子，把女孩弄成“假小子”。这些看似无所谓的行为事实上都应该警惕！

有一种病症叫作性别认同障碍（GID），又名“性别认知障碍”，是指一个人对自己的心理性别产生的后天认同障碍。大部分人的心理性别和生理性别是一致的，家长随意混淆孩子的性别装扮，容易诱发孩子心理性别的混乱，即“妈妈这么爱给我穿裙子，原来我是女生”。一个男孩子如果把自己判定成女生，并且固执地坚持下去，这样的观念等到孩子长大后就很难扭转，如果强行改变则极可能造成孩子人生观的崩塌。

偏女性化的男孩和偏男性化的女孩在年龄较大时，常常受到同学和周围其他人的歧视和捉弄，会被冠以“娘娘腔”或是“男人婆”的侮辱性代号，强烈的批判色彩促使他们企图隐蔽自己的异性行为，但矛盾正在于此，心有余而力不足，长期养成的性格让他们做不到短时间改变自己的行为，以避免来自各方的不接受，内心十分痛苦。

孤立异类是人们的经常性行为，这类孩子通常不被同龄人接纳，被“正常人圈子”隔离开，所以他们往往缺少友情和交际，易形成内向、孤独、胆小及忧郁的性格特点。

正确培养孩子的性别意识

从孩子3岁前就该培养孩子的性别意识。如果是男孩，父亲要多陪孩子玩；如果是女孩，母亲要多与其相处。但也要结合儿童的脾气秉性，不必刻板地按照某些模式去塑造孩子，允许孩子发展自己与生俱来的气质。

父母是最好的榜样

爸爸妈妈的装扮和形象会直接影响到孩子对性别的认知。如果女孩有一头漂亮的长发，经常穿公主裙，妈妈却总是板寸头和工装裤，女孩很可能会对女性形象产生迷茫，进而怀疑大人对她“你是女孩”的教导。同样，爸爸身强力壮，却从不干家里的体力活、脏活和重活，若想教导儿子“你是男子汉”“男生是家里的顶梁柱”，成功的可能性自然不大。

男孩在3～4岁以后应多接触父亲等男性榜样，如果此时得不到应有的男性榜样，性心理发育可能受到挫折，导致性别认同混乱。在有些“女性化的男孩”家庭中，常常是母亲做主、父亲惧内，这些小男孩自幼崇拜女性，向往女性，处处以母亲为榜样，就可能潜移默化地发生性别认同混乱。

孩子对于自己性别的认知完全来自父母的引导。爸爸妈妈无意间的差错就可能会形成孩子的误解。

正面解答孩子的性别问题

很多孩子到了一定年纪，都会发问："我是从哪里来的啊？我和妈妈有什么不同啊？"更有甚者，在爸爸妈妈上厕所或洗澡时，孩子会偷偷溜进来看几眼。首先，不要大惊小怪、急于遮掩，甚至责骂孩子是"流氓"。孩子只是好奇，想观察爸爸妈妈的身体，假使大人以坦然冷静的态度回应，孩子会认为"其实也没什么大不了的"，大人过激的反应不仅不会让孩子退避，反而更会强化孩子的好奇，产生"我没猜错，果然有问题"的想法，并且变本加厉地窥探。

有些幼儿园和托儿所不分男女厕所，男孩女孩一起上厕所。这不见得是坏事。男女同上一个厕所，孩子们能在很自然的状态下，对男女的性别差异和不同的生殖器官有一定的认识，从而促进他们的性别认知。家长在面对孩子有关性别和身体方面的疑问时，应该以大方正常的态度进行解释说明，没有必要遮遮掩掩。

绿色糖豆：《小鸡鸡的故事》

〔日〕山本直英 / 著 〔日〕佐藤真纪子 / 绘

内容简介

作者用小朋友可以理解的文字，回答了许多令大人尴尬问题，例如："为什么我有小鸡鸡而妹妹没有？""小婴儿是从哪里来的？"

绘本的内容不单单呈现基本的性知识与卫生习惯，更包括了个人界限、自我保护、性侵害以及尊重生命等相关议题。通过山本先生这个绘本（书中谈及隐私处、上厕所关门与可能的危险情境），我们可以帮小朋友找到自己的界限，并学会尊重他人的界限。同时也让小朋友深刻理解一个小生命的诞生就如同一个奇迹，而这个奇迹是带着许多人的爱与关怀来到这个世界的，因此每个生命都非常珍贵与独特，世界上没有第二个与你完全相同的人！

真麻麻点评

温馨的插图、温柔的文字，从生理结构到预防侵害等知识一应俱全，这本书能给孩子普及最初的性知识。

白色糖豆：《妈妈下了一个蛋》

〔英〕芭贝·柯尔 / 著、绘

内容简介

爸爸和妈妈今天决定告诉孩子们，他们是怎么来的。爸妈说：宝宝是泥土捏出来的，是用面粉烤出来的，是恐龙快递送来的，是种子种出来的，甚至是牙膏挤出来的。对于父母自以为是的说法，孩子们听了却是哈哈大笑，于是他们拿出纸笔，开始说明孩子是怎么来的。

面对这个会令父母脸红的问题，芭贝·柯尔创作的《妈妈下了一个蛋》，以轻松、诙谐、浅显的文字及令人会心一笑的图画，除了让孩子懂得基本的性生理知识，解除孩子心中的疑惑，也解除了大人不知该怎么讲的尴尬。

真麻麻点评

这是每个孩子都能读懂的生理教育绘本，帮助孩子在故事中读懂生命的真相。对于家长来说，我们不仅要教孩子正确的性知识，也要教会孩子正确的自我保护。

蓝色糖豆：《小威向前冲》

〔美〕尼古拉斯·艾伦 / 著

内容简介

小威是个精子，他和 3 亿个朋友一块住在布朗先生的身体里。眼看着游泳冠军赛的日子越来越近，小威每天都认真练习。他知道一定要游得超级快，才能赢得奖品——一个美丽的卵子。比赛结束时，发生了一件既神奇又美妙的事！

这是一本很有趣的书，孩子看得咯咯笑。身为大人，你也许无法生动有趣地将这些常识讲出来，但《小威向前冲》可以。

真麻麻点评

只有进行正确的性教育，让孩子懂得自己是怎样出生的，与异性有何不同，才能有效防止性侵的发生。这本书的魔力就在于以简单的图画和文字吸引孩子并把教育趣味化。

2018 年主持"河南省庆祝六一国际儿童节，争做新时代好少年"晚会。

2019 年春节主持河南省妇联的女性社会组织联谊活动。

2019 年国庆节主持河南省实验幼儿园建园 70 周年的庆祝活动。

2020 年主持南京大学河南校友会的活动。

死神是一个温柔的女孩子

有人说，人间至痛莫过于生离死别。生离尤有盼头，期待他日重逢。可是阴阳两隔呢？那真是“上穷碧落下黄泉，两处茫茫皆不见”了。

对于许多人来说，一切关于死亡的话题都自带灰暗色彩，在东方，死亡意味着灰暗的天空、飘飞的纸钱、黑白胶片似的慢慢推进的肃穆，悲伤扼住了喉头，哭亦不敢放声，害怕惊扰逝者的长眠；在西方，死亡意味着白昼如夜，细雨绵绵，一列列送葬者举着笨重的黑伞，皆着正装配白花，在十字架前低头默哀，偶有小声啜泣，也很快收敛。

绝大多数人面对死亡这个严肃而沉重的话题，保持着高度克制，甚至有墓前不大声喧哗这一不成文的规矩。是怕惊扰了死者吗？可是他们的耳朵再也听不见一字一句。我相信这是敬畏，我们恐惧死亡，生怕一脚踏入它的深渊，却也坚定地把它作为自己的归宿。这是逃脱不了的宿命。

家长在孩子面前一般很少提及死亡这个话题，甚至会刻意避开。生死是个太大的命题，孔子说“未知生，焉知死？”我们很多大人连生都看得不透彻，自然不能指望一个孩子能够理解。但是总有这样的时刻，当孩子天真地开始主动问起关于“死”这件事，我们往往会支吾着转移话题，不知道该怎么去回答。

在牛仔小的时候，我就面临过如何跟他解释死亡的难题，我竟不由得想到祥林嫂问鲁迅的那句："一个人死了之后，究竟有没有魂灵的？"

牛仔是伴随着姥姥的病痛降生的。在我还怀着牛仔的时候，我母亲就被检查出患了非霍金性淋巴癌。而孩子呱呱坠地的那一天，恰好也是他姥姥手术的日子。所以，孩子成长的日子里他姥姥也在一天天的病痛中受折磨，在牛仔降生之际，我的一颗心正于悲怆里沉浮。

后来，"养育牛仔"成为我母亲活下来的一种盼头。母亲生病之后，我告诉母亲自己的新房子装修好了，就等着她来帮我照顾她的外孙。不仅如此，我怕母亲过度操劳，还给牛仔找了育儿嫂，也想着能多个人跟母亲说说话。育儿嫂、我姐姐还有我，我们这几个人构成了牛仔和我母亲最近的生活圈，也正是因为一老一小紧密相连的生活，我母亲就对牛仔特别偏爱。

从半岁开始，牛仔身上的病就一直没有消停过。从一般的咽峡炎、咳嗽到高热惊厥，每一场大大小小的病都深深地牵扯着姥姥的心。有一次，牛仔忽然高烧到 38.5℃，症状严重到浑身抽搐、双眼紧闭、牙齿紧咬。母亲紧张得不知道怎么办才好，整个人一下子瘫跪到了地上，大声呼喊着牛仔的名字。

打完120，把孩子送到医院之后，信佛的姥姥还默默地为他念经祈祷，整夜难以安眠。后来，听医生说，这种高热惊厥的症状在孩子 6 岁之后就不会发生了，姥姥提到嗓子眼的心才落下去，此后，更是天天向菩萨许愿让孩子早点儿无病无灾长到 6 岁，不用再受那么大的苦头。

牛仔从小就和他姥姥的感情很深，我既喜也忧，羁绊越深，到了离别时才会越心碎。高尔基在《童年》中描写阿廖沙对父亲的逝世，是冷眼的、无情的、事不关己的，原因一是少不更事，二是感情淡薄。然而牛仔渐渐长大了，和姥姥感情深厚，经常缠着姥姥要她讲故事，每天拉着姥姥的手到楼下散步。姥姥总是教导他做人要善良、正直。到现在，牛仔都保持着纯良的本性，与他姥姥那时候的教导也有着极大的关系。

我害怕的是当那个注定来临的离别时刻摆在他眼前时，他会无法承受。姥姥自从手术之后就一直需要人照顾。牛仔将我和姐姐轮流照顾母亲的全过程都看在了眼里。姥姥患了癌症之后，膀胱、卵巢、子宫均被切除，平时只能通过悬挂在身体外的瘘管排泄，牛仔不止一次看见我给姥姥清洗尿袋。

我至今还记忆犹新，当时我早上要值总监班，我们要轮流负责郑州电台早间新闻的编审，大清早 5 点半就得赶到单位。可是我担心母亲没人照顾，于是每天 4 点半起床，帮妈妈清洗露在身体外面的瘘管肠子，为吊带清洗消毒。我总是先用清水洗一遍，再用盐水洗一遍，最后用碘伏消毒，一遍又一遍，直到尿袋上一点儿味道都没有。

牛仔目睹了全程，他虽一知半解，但也学到些护理老人的知识。半岁的时候,他最爱做的事情居然是拿着棉签往我的胳膊上这擦擦、那擦擦——或许在他的理解里，这就是表达关心爱护的最好手段。这种独特的触碰方式，也只有我和他能够理解。

随着牛仔一天天长大，姥姥的病情已经不断加重并到了危急的地步。我开始不得不去思考,孩子不可避免地要面对姥姥的离去,那时他会怎样?

一想到这里,我既被不舍母亲的伤悲淹没，又不能不心疼自己的儿子。我一个成人都快被各种负面情绪击倒，和姥姥感情那么深的孩子该如何去接受？孩子幼年时对于老人的深情，往往是超过大人的。

所以，当时尽管我已经悲伤得难以自制，但仍强迫自己去面对，这个问题如果处理不好，我的孩子一生都迈不过这个坎，这绝不是他姥姥愿意看到的。考虑了很久，我最终决定让牛仔见证他姥姥的离去。

在牛仔 7 岁那个雾霾深重的隆冬，姥姥病情加重住院，我们姊妹几个轮流陪伴母亲，也带着牛仔全程见证了这一过程。

当时，牛仔正在学习摄影，他一次又一次地举起手中的相机，按下快门，将镜头前的姥姥记录下来，也拍下了我们照顾姥姥的全程。我想，如果有一天，我能够坦然看待妈妈离开的这段岁月，一定要用儿子的照片举办一个影展，题目我都想好了，就叫《每一对母女都是生死之交》。

起初，牛仔也不肯接受姥姥即将要离自己而去的事实。我太明白他的抗拒和不舍了，那不光是他姥姥，也是我的妈妈啊！我给他讲了很多童话故事，也是讲给自己听，告诉他、告诉自己死亡的意义。我现在还清楚地记得，我给他讲的是《当死神遇见鸭子》的故事。我告诉他，死亡并不是终结，死神是一个温柔的女孩子。只要自己一直记着姥姥，那姥姥也就会永远活在心里。

我还跟他讲四季的轮回、时令的变迁，告诉他“有开始就会有结束”。人生就像一片叶子，也要经历春夏秋冬，最后从树上掉下来，落叶归根。死亡的存在是为了让我们更好地珍惜自己的生命。

听了这些，牛仔的悲伤明显得到释放。我松了一口气，明白这堂生死教育课起了作用。

我依然记得，妈妈临走的那几天，恰恰是儿子学校因为雾霾放假的日子。他和大人们一起待在医院里守候着他姥姥，和我们一起熬上几天几夜不能睡觉。写作业在医院，吃饭在医院，睡觉也在医院。他看着大姨、二姨和我轮流照顾姥姥，悄悄和我说，他也能值夜班照顾姥姥。

妈妈弥留之际，我们姊妹几个跟妈妈轮流对话，我也让孩子站在她的身边，说出自己的心里话。牛仔当时说：“姥姥，我一定好好学习，我要把分数考得高高的，让你放心。姥姥，我再也不惹妈妈生气了。姥姥，我会把吉他弹得棒棒的。我认真地练吉他曲，弹给你听……”他的一连串承诺还没有许完，站在旁边的我们都被孩子的真诚感动哭了。

是的，我的教育方式和别人不一样，有人说这样的时刻不吉利，应该让孩子离开，避免孩子情绪受到刺激。但我觉得见证是最好的教育。

如今，当我说到谁家的亲人离去了，牛仔总会默默地说：“妈妈，他们是不是又变成了另一种样子，在天上工作呢？也许工作，也许生活，又或者跟仙子跳舞呢？”

他在小小年纪能这么想就再好不过了，因为他没有把死亡当作一种苦难而哀怨，而把它当作另一种新生。或许他长大以后，随着知识的增长，会以一个全新的成人视角来看待死亡，可他终生难以磨灭，曾有一个叫死神的女孩拉着他姥姥去看不见的地方散步了。

生死教育的关键就在于，让孩子从死亡的意义中看到生命的珍贵。生命属于我们只有一次，因为有死亡，所以我们应该让生命更有尊严。

这样的教育看似简单，实则不易，因为很多成年人也看不破生死。看生死如同直视骄阳，坦然接受恐怕是最好的方式。

为什么要主动跟孩子谈论死亡?

在很多大人的眼里，孩子的情感脆弱，恐怕很难接受死亡。由于害怕孩子受到伤害，有些家长便极力在日常生活中规避掉“死”“离开”这一类的字眼。但是实际上，儿童平常接触到死亡的机会远比我们想象的还要多，这其中不仅包括平常电视新闻的报道、身边长辈的逝去、朋友同学的经历，还有自己自发的探究。由于未知，儿童对于死亡充满好奇，如果只是单纯地遮掩，就很难有好的结果。

根据科学研究显示，大部分成年人不知道该如何对孩子进行生命教育。事实上，很多成年人自己对死亡都没有正确的理解，更遑论去教育孩子正确地看待死亡。

与此同时，我们也要致力于让孩子理解电视节目与现实的区别，让孩子知道生命的真正形态是什么。不是高空坠落毫发无损的动画片，不是刀剑伤人如饮水平常的武侠片，不是分手割腕或自残的青春片。身体发肤，受之父母，我们的一举一动要对得起自己的父母，更要对得起全天下的父母。

对于死亡的教育并不是什么犯忌讳的事情，生命教育一直是家庭和学校教育中十分重要的内容。生命教育的意义在于让孩子正确地看待死亡，确立自己对于生命的尊重及责任，在逆境时有清晰的价值观去面对，而不是漠视自己的生命。

在现代社会，物质生活的丰富让许多人对生命价值的认知变得模糊，不明白生命的可贵，只要遭受一点点的挫折便心灰意冷，将自己的生命视作儿戏。高楼上常常坐着举棋不定、犹豫是否跳下的青少年们，一次次给我们敲响加强生死教育的警钟。

堵不如疏。家中有长辈过世，若家长没有正面告知孩子，孩子可能对死亡形成恐惧，日后面对亲近的人过世往往反应过度，难以走出痛苦。有的孩子还会认为亲人过世是自己做得不够好，产生终生性的罪恶感与内疚感。

【真麻麻有话说】

家长解释死亡的两种错误方式

隐瞒： 由于害怕孩子幼小的心灵无法接受亲近的人的死亡，很多家长都选择用善意的谎言向孩子隐瞒真相。诸如“外婆去了很远的地方”来掩盖死亡。当孩子接着问什么时候回来，便用“你长大了自然就会回来了”这样的话来搪塞，寄希望于孩子长大了能自己明白真相。但是一个谎言必定要通过无数个谎言弥补，最后总有谎言掩盖不了的时候。等到真相显现，后果往往是让家长无法接受的。

坦露直言： 面对死亡，很多家长往往是用大人的方式来跟孩子解释——死了就是再也看不见了。在表达自己心情的时候，难免把自己的悲伤传递给孩子。孩子的情感不够成熟，往往要沉浸在悲伤之中很久才能缓过来。

关于如何合理地让孩子认识死亡，真麻麻推荐几个小妙招。

借用日常生活例子，选择合适的时机进行生死教育

当孩子的宠物意外去世时，父母就可以用安慰的话语让孩子正确去看待宠物的死亡："狗狗陪伴我们在人生旅途上走过了很长的时间，如今它走了，我们虽然会很悲伤，但是依然要感谢狗狗的陪伴。"

多利用平时身边有关死亡的话题、素材，帮助孩子在关键时刻用正面的态度来面对他人的死亡，让他学会尊重生命。

谈论死亡时不要回避，避免含糊其词

很多家长因为害怕产生过多负面的影响，会用一些简单的答案去打发孩子关于生死的提问。然而这样的刻意躲避反而更容易激起孩子的好奇心，让他们面对亲人死亡时更加手足无措。

不同年龄段的教育也不一样

有观点认为，孩子从 3 岁左右开始，特别是 5 ~ 6 岁时，便可能对死亡的概念发生兴趣。但因心理发展阶段不同，不同年龄段的孩子对死亡的理解也有差别。

对最初接触死亡概念的孩子而言，"死亡"只是他们听到的一个新词汇。即使知道某人"死了""去世了"，也不会像成人一样产生痛苦体验。

随着年龄的增长，孩子就会逐渐对死亡有了模糊的认识，但还不大明白这究竟是怎么回事。当发现大人对这个话题非常敏感，忌讳或禁止谈论时，他们就有可能把死亡这个概念和可怕的东西联系起来，进而产生恐惧。而家长要学习的是，如何巧妙对孩子解释死亡这个概念所产生的问题，并引导孩子理解死亡。

要给孩子足够的安全感

对孩子来说，亲人离世带来的打击非常大，一方面，自己亲近的人

突然走了，他会感到孤单、无助；另一方面，看到大人伤心痛苦，他自己内心的恐惧感会加深。大人在发泄自己情绪之后要尽量给孩子更多的关爱，让他感觉到，虽然一个亲人去世了，但其他人对他的爱并没有减少，让孩子有足够的安全感，这时候他也愿意将内心的感受讲出来。

很多时候，孩子对于死亡的恐惧来自未知。因为没有体验过，所以才会害怕和恐惧。

人们总是会习惯给死亡添加上自己个人的想象。但事实上，真正的死亡的定义远远要简单得多：身体机能停止工作。

每一个在谈论死亡的人其实都没有真正接触过死亡，所以家长在对儿童进行生死教育的同时，也不必过于渲染，主要是让孩子们坦然地面对死亡，正确认识死亡，将它作为情感教育的一部分。

虽然肉体毁灭了，但是爱永远存在。在教育过程中，家长要突出生命教育，强调生命的价值。正是因为生命会逝去，我们终将离开这个世界，所以才要加倍珍惜自己所拥有的一切。

紫色糖豆：《当鸭子遇见死神》

〔德〕沃尔夫·埃布鲁赫 / 著、绘

内容简介

一只鸭子把脖子伸得直直的，抬头望向天空。这是封面上我们能看到的，鸭子在干什么？想什么？

打开书，跨过扉页，翻到正文，故事直接进入主题——鸭子遇见了死神。鸭子回过头，看着死神，问："你是谁？为什么一直偷偷跟着我？"

死神微微笑着说："很好，你终于注意到我了。我是死神。"看看鸭子被吓得眼睛瞪得溜圆，浑身僵直地站在那里。而死神呢，手拿一枝郁金香藏在背后。

"你是来带我走的吗？"

"当然不是。其实从你一出生，我就一直在你身边——以防万一。"死神对鸭子友好地笑了笑。鸭子忽然觉得："如果你能暂时忘记他是谁的话，真会觉得他很友好，很亲切。"

于是鸭子做了一个决定——和死神友好相处。那接下来呢？鸭子和死神究竟会发生什么样的故事？

真麻麻点评

在死神和鸭子的相处中，我们或许能够明白死亡的真谛。我们怕离别，是因为我们想要在一起，那么在活着的时候，就好好去爱，好好去珍惜吧。

蓝色糖豆：《好好哭泣》

〔丹麦〕葛伦 · 林特威德 / 著　〔丹麦〕夏洛特 · 帕蒂 / 绘

内容简介

小孙子们最爱的老祖母就要被死神先生带走了！他们拼命地想要留住死神，让他不要带走老祖母，所以不断地替他倒咖啡，想要讨好他。死神先生其实并不是我们想象中那么坏心眼、那么无情，于是他给小孙子们讲了一个故事：

很久很久以前，有一对兄弟，哥哥名叫悲伤，弟弟名叫哭泣。有一对姊妹，姊姊叫作快乐，妹妹叫作欢笑。有一天，那对姊妹和那对兄弟相遇了。他们举行了盛大的婚礼——悲伤跟快乐结婚、哭泣跟欢笑结婚……

真麻麻点评

死神先生想让小孙子们明白的是：如果没有死亡，怎能凸显生命的价值？如果不曾下雨，谁会好好享受阳光？如果没有黑夜，谁会高兴地期盼白天来临？

我从事着聚光灯下的工作，但心里总想躲开这些光环。我不仅从来不过自己的生日，连孩子的生日也从来没给庆祝过。这让孩子有些不满，他说他来到这个世界是值得庆祝的。这一句话提醒了我。于是，在他 8 岁生日的时候，我邀请他的同学来参加生日派对，并带着这支庞大的队伍一起跳舞。

选择的遗憾

黄色的林子里有两条路
很遗憾我无法同时选择两者
身在旅途的我久久站立
对着其中一条极目眺望
直到它蜿蜒拐进远处的树丛

我选择了另外的一条，天经地义
也许更为诱人
因为它充满荆棘，需要开拓
然而这样的路过
并未引起太大的改变

那天清晨这两条小路一起静卧在
无人踩过的树叶丛中
哦，我把另一条路留给了明天
明知路连着路
我不知是否该回头

我将轻轻叹息，叙述这一切

许多许多年以后

林子里有两条路，我

选择了行人稀少的那一条

它改变了我的一生

——罗伯特 · 弗罗斯特《未选择的路》

行走在人生的岔路口，我们不止一次遇到需要做抉择的“两条路”。上面这首深邃的哲理诗，展现了现实生活中人们处在十字路口时难以抉择的心情。

之所以在开篇引用这首诗，是因为这一篇的主题我想讲讲选择。我们业界流传着这样一句话：做新闻工作的人一天 24 小时都不属于自己。在新闻行业摸爬滚打多年，每一天都在印证着这句话。

正是因为忙得脚不沾地，这种在工作和家庭之间的选择对我们来说远比别人艰难得多。我到现在仍清晰地记得，台里曾经有一位年轻的同事，因生孩子的缘故，而宁愿放弃工作。老同志们都认定她是一个非常有发展潜力的新人，可她就这么毅然决然地放弃了自己的前途。

同事选择了家庭，我与之相反，选择了事业。我想可能是因为我的工作让牛仔缺乏陪伴，所以他非常缺乏安全感，导致他现在仍有注意力不集中的问题。尽管这只是一种猜测，但已经足够让我感到亏欠。

我之所以现在大力提倡“真陪伴，正成长”的理念，实在是因为家庭的经历让我深深地意识到，家长陪伴对于孩子教育的重要性。家长要平衡好工作和家庭之间的关系实在太难了。

每个人都将面对属于自己的选择难题，关于前狼后虎的焦虑从来都没有终止过。

关于选择恐惧，我觉得自己一向深受其扰。比方说，在孩子牙牙学语的时候就开始为选择什么样的幼儿园而担忧，后来就焦虑为孩子选择什么样的培训班，再后来又焦虑选择什么样的娱乐方式度过假期比较好……

在做选择时，我经常会犹犹豫豫，即便好不容易做了一个决定，向前走时仍不免战战兢兢。我害怕一时不察，选了一条歧途，让我和周遭的人蒙受无妄之灾。

我的老师告诉我，选择困难是因为我什么都想要；我的朋友告诉我，选择是因为穷，想拥有的太多；我 80 岁的忘年交韩阿姨告诉我，到了她这个年龄，选着选着，就没有更多的选择余地了，所以能够选择才是真正的幸福。

即便如今我看似冷静客观地写下这段话，但生活中我仍逃脱不了为选择恐惧症而焦灼。更让我觉得天意弄人的是，牛仔在选择方面深得我的真传：他总是陷入选择困难的旋涡，他会因为今天晚上吃火锅还是比萨而斗争，在两个选项之间举步不前，有时甚至会思来想去一个多小时，全家人只好都眼巴巴等着他的选择。后来我才知道，是他感觉我们给他的责任太大了，所以他为此思想斗争比往常激烈了好几倍。他不仅担心其他的东西不好吃，而且也怕我们吃得不好而将责任都推到他的身上。

因为要上课，他会犹豫选择什么样的文具盒，带哪支笔。写作业慢，有一半的原因是他在不停地换笔。写作文要用蓝色的笔，据说可以开启想象的闸门；写数学题必须用黑色的，他说这样能使自己更深沉和理智；写英语作业，他就一定要拿我的签字笔。关于这种选择的偏执，没完没了。

牛仔和爸爸也经常因为选择上的问题发生争执。有的时候吵得天昏地暗，而我则不得不夹在中间做和事佬。

直到某一天，我发现牛仔已经不局限于选择困难了，注意力不集中的情况越发严重，已经严重干扰到他的学习和娱乐了。在大河书局看书的时候，他看着这本，想着那本，就是不能安静下来读完一页。玩游戏的时候，他玩着这个，想着那个，就是不能好好地专心玩一个玩具。“吃着碗里的，看着锅里的”，行百里者半九十，而牛仔十步都走不出去，这样见异思迁的态度实在让我操碎了心。

我对牛仔讲了一个故事：古希腊有一位大学者名叫苏格拉底。一天，他带领几个弟子来到一块麦地边。那正是麦子成熟的季节，地里满是沉甸甸的麦穗。苏格拉底对弟子们说：“你们去麦地里摘一株最大的麦穗，只许进不许退。我在麦地的尽头等你们。”

弟子们听懂了老师的要求，就陆续走进了麦地。

地里到处都是大麦穗，哪一株才是最大的呢？弟子们埋头向前走。看看这一株，摇了摇头；看看那一株，又摇了摇头。他们总以为最大的麦穗还在前面等着自己呢。虽然弟子们也试着摘了几株，但并不满意，便随手扔掉了。他们总以为机会还很多，完全没有必要过早地定夺。

弟子们一边低着头往前走，一边用心地挑挑拣拣。突然，大家听到苏格拉底苍老的、如同洪钟一般的声音：“你们已经到头了。”这时两手空空的弟子们才如梦初醒。

苏格拉底对弟子们说：“这块麦地里肯定有一株是最大的，但你们未必能碰见它；即使碰见了，也未必能做出准确的判断。因此最大的一株就是你们刚刚摘下的。”

苏格拉底的弟子们听了老师的话，悟出了这样一个道理：人的一生仿佛也是在麦地中行走，在寻找那最大的一株麦穗。有的人见了那颗粒饱满的麦穗，就不失时机地摘下它；有的人则东张西望，一再错失良机。当然，追求最大是应该的，但把眼前的麦穗拿在手中，才是实实在在的。

对苏格拉底的这道考题，答案不外乎两种：一种是学生们根据自己平时的经验，先在自己的心里定下一个大体标准，走上一段特别是在走过一半或三分之一的路程后，遇见差不多的便摘下来。也许这就是最好的，也许后面还有比这更好的，但不能好高骛远，就这样“认”了。另一种答案是一直往前走，总觉得前面会有更好的麦穗。这时要么放弃选择，宁缺毋滥，要么委屈自己，凑合着摘一株，而心里却是万分懊悔。

牛仔听后，居然问我：“苏格拉底怎么知道这株麦穗是不是最大的？”牛仔的注意力又跑偏了！

选择焦虑是因为追求完美

每个人都有选择的焦虑，程度深浅不同，这是我们所有人都避免不了的。家长每天尚且还会为今天做什么事情发愁呢，更何况是理性还欠缺的孩子。很多孩子的选择困难，其实都是因为有追求完美的倾向。

该吃什么？该玩什么？到底怎么样才能做到最好？这些问题不断地充斥在孩子的大脑里，让他们感觉到压力，需要思考的内容多，思路又不够清晰，于是就产生了焦虑。

英国首相丘吉尔有句名言："完美主义等于瘫痪。"这句话很精辟地阐明了完美主义者的害处。心理学上所指的完美主义者是那些把个人和事情的标准都定得过高，高到不切实际，而且带有明显的强迫倾向，要求自己去做不可能做到的事。他们过于注重思考和筹划，于是使他们缺乏行动力。"要做就要做到最好"是他们的准则，但他的行动是缓慢的，一个完美主义者凡事不敢靠得太近，在渴望接近目标的同时他更害怕看到事情的真相，因为真相总是不完美的，迟迟不采取行动实质上是一种内心的不自信和不想作为的潜意识行为。

十全九美易，天衣无缝难。总有比完美更完美的境界，学无止境就是如此。也许有两害相权取其轻的说法，但是面对未知或是生活上面临模棱两可的选项时往往会不起作用。

对于偏执的孩子来说，无法正确地分辨到底怎样选择才是最优解，这无疑是痛苦的。之前我请求各位家长不要做完美家长，也不要苛求自己的孩子做完美孩子，也正是因为人力有不逮，凡事无绝对。

说到底，选择困难症是对自己不信任的表现，面对曲曲折折的前路，害怕一失足成千古恨，故对于多种选择不知道该如何是好，甚至在做出选择后又立马后悔。

【真麻麻有话说】

如何面对孩子的选择恐惧症

孩子需要更多的鼓励和认可

爸爸妈妈的肯定在依赖父母的孩子看来尤为重要，能帮助孩子逐渐建立正确认识，并逐步筑起自信。孩子在成长过程中独立意识逐渐觉醒，太想获得成功，有时反倒会出现表面上的退行性行为，不如妈妈做得好，索性就不去做。这时候家长不如耐心等等，去鼓励他、协助他完成。当孩子有充足的自信心、内心逐渐强大时，他就能慢慢学会接纳不完美的自己。

适当给予孩子自由的空间

如果完美主义的孩子正在焦虑自己的不足，烦恼自己做得不够好，心里想着再来一次我一定能做得更好，那么来自权威的批判更会严重挫败孩子的自尊心和自信心，因此家长应平心静气，给予他更多的宽容和接纳。

简化处理，避免夸张

很多家长将选择困难过分夸大，甚至在无形之中会将这种焦虑和紧张的情绪传递给孩子。家长会时时刻刻紧盯着孩子的一举一动，注目礼会将家长的焦虑传染给孩子，造成孩子紧张压力被放大，更不敢面对选择。

逃避不是办法，孩子面对的选择只会越来越多，精神上的压力随之越来越大，最后严重到濒临崩溃，一切只能接受安排，不会自主争取和反抗，像生活的傀儡一样。

查理·芒格总结过5个普遍性原理，其中一条是〝通常意义上最好先决定那些最不费脑筋的事情来使问题简单化〞。面对选择困难，正确的方式是教会孩子尽量将自己的生活简单化，减少这一方面的压力。

给生活多做减法

伴随着孩子的成长，自我意识也在不断地发展。孩子会对自己喜欢的东西拿主意，慢慢学习自我掌控的能力。如果一下子给了孩子过多的选择，他反而会无所适从。

我们做家长的，要教会孩子做减法。为什么《断舍离》一书在前几年很畅销？正是人们总是试图拥有更多，不习惯去舍弃一些臃肿无用的东西，结果丢了西瓜去捡芝麻。

要选择的事物越少，事情就会变得越简单、越有趣。减少选择题的选项，就可以把精力投入更有意义的事情上面。

用最好的状态迎接选择

人们害怕选择是因为害怕自己会选择不好。既然每时每刻都在为选不到正确的选项焦虑，那还不如把最重要的问题留在最佳精神状态时做选择。

一般来说，我们早晨醒来之后的身体和精神状态是最好的，这个时候也非常适合做决定。教会孩子合理调控自己的时间，让最好的自己做出最正确的选择。

可以让别人帮助自己决定

当面对难选择的事项时可以把选择权让给别人来决定，尽量让那些充分了解自己的可靠的亲友来辅助自己挖掘本心的期望，完成所有的计划。

不要想太多

若是面对选项过多时，我们就会耗费大量精力和脑力来选择，结果浪费了时间，最终还是选择第一眼相中的。所以，在选择时千万不能想太多，要相信自己的直觉，在做好权衡以及分析之后跟着感觉走。

不要为决定好的事情后悔

当我们决定做一件事的时候，千万不要有怀疑和忧虑，不然就会阻碍下一步的发展，只要做出了决定，就要相信自己，顺其自然。

任何选择都有机会成本，当我们选择A就失去了B选项可能的结果。做选择是有代价的，所以选择又名取舍，也叫权衡。面对多种多样的选项，若能一口气全部拿下，又谈何选择？

任何选项都不可能是完美的，并不是选择后就结束了，选择后恰恰是开始，需要我们付出更多的努力，最后结果还不一定是当初期待的那样。学会勇敢地承担后果，才能有下次选择的勇气，更何况天意难测，也许你认为的错误选择，恰恰被时间证明是对的呢。

2019 年 11 月，真麻麻群举行了〞跟着主播看中原地展〞活动。当时有 100 多个家庭的妈妈和孩子参加。这次活动让孩子们收获很大，了解蔬菜品种和生长过程，对土地产生了深深的热爱，回到家后也都变得热爱劳动了，还克服了挑食的毛病。

在这次参观中原地展的活动中，我们看到南瓜像小灯笼一样悬挂着，特别美。

理财大王是怎样炼成的

事情发生在牛仔 7 岁时的那个夏天，当时我一名在北京电影学院导演系读研究生的学生从北京回来探望我，我们相谈甚欢，牛仔在一旁也听得津津有味。当他偷偷听到我们几个好朋友畅谈拍一部儿童电影的构想时，一双“牛眼”瞪得老大。

到了晚上，我才知道牛仔为什么这么兴奋，他积极主动地要求跟我进行话题讨论，阐述自己的想法。对话中，他第一次向我表示自己不想当医生了，也不想当科学家了，最近只想当一个导演。我猜是我们白天描述的美好愿景让牛仔心动了，虽然有见异思迁的嫌疑，但我觉得这不是一件坏事——他能够不断地从生活中寻找到新的兴趣，这说明他和外界的通道是畅通的。

我的教育观就是教育要顺应孩子的发展规律，他的天性如何，我们就解放他本来的天性。牛仔现在还小，有足够的时间去思考自己长大想做的事情，一个终生目标的确认并不是那么容易，我们悬而未决，我们改弦更张，在目标确认过程中所有曲折都是可以接受的，因为一生很长，急不来。

至于说他的选择是不是符合主流标准，要不要迎合大众趣味，我认为那是第二个问题。随着他不断成熟，他自己会有取舍和判断，家长不应该过多地干预。孟子曾说：“知我罪我，其惟春秋。”如果把对理想的追寻视作一场旅途，那就不要在意他人的风景，“雄关漫道真如铁，而今迈步从头越”。

但是，如果牛仔连自己要走的路都没能认清，就一脚踏进河里，那我可不敢放任他“走自己的路，让别人说去吧”。听牛仔讲完内心的想法后，我问他：“牛仔，假如说你现在已经是一个导演了，那你是要拍你自己喜欢看的，还是别人喜欢看的电影呢？”

牛仔不假思索地说：“当然是观众喜欢更重要。”

我问为什么，牛仔回答：“这样我就能挣到很多钱啊！”

牛仔还是个小财迷！于是我又问：“挣那么多钱干吗？”

牛仔说：“给我和我的好朋友买乐高、超级战车、汉堡、三明治和山药片啊！”牛仔的回答让我很震惊，我惊异于牛仔赚钱的第一目的是为了分享。这个物质社会，很多人挣钱、爱钱都是为了过上更体面、更舒适的生活，这无可厚非。可所有人都一定是为了自己吗？也不是。

孟子在《鱼我所欲也》里说：“生，亦我所欲也；义，亦我所欲也。二者不可得兼，舍生而取义者也。生亦我所欲，所欲有甚于生者，故不为苟得也；死亦我所恶，所恶有甚于死者，故患有所不辟也。”道义是超越了对生命的追求的更高存在，它让人不贪生、不怕死，战胜潜藏在基因里的本性。

每个周末凌晨 5 点左右，黑龙江省鸡西市 87 岁老人朱凤兰都会拖着两个行李箱，坐上半小时公交车来到桥东旧物市场摆摊，卖的东西除了旧物就是她拾荒捡来的。每次摆摊，老人都要卖上七八个小时，中午凑合着吃点饼干、油条，省吃俭用，5 年时间攒了 7000 元钱。2017 年年底，朱凤兰老人来到鸡西市慈善总会，分两次把这些钱全部捐了出去。实际上，老人生活并不紧张，子女也不太同意老人拾荒，尤其天冷路滑让人担心，但老人说：“希望用这些收入帮到有困难的人。”

平凡人之所以伟大，不是她捐了巨款，7000 元比起明星们做慈善的钱款数目来说微不足道，而是因为她超脱了作为人的本性，达到一种更高层次的道德境界。这也是我平时一直在给牛仔灌输的一个理念：赚钱是为了帮助别人。

金钱虽好，但毕竟是身外之物，精神上的安宁和道德上的崇高才是我们安身立命的根本，哪怕是再发达的物质社会，这世界上终究还有一些东西是无法用钱衡量的。

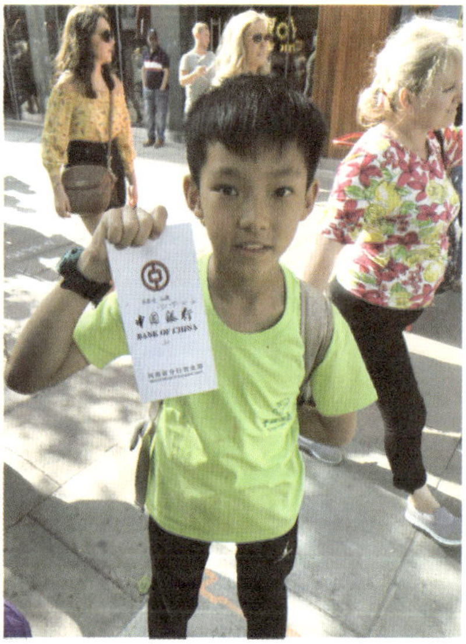

牛仔第十次独立参加夏令营活动。

如果孩子没有正确的金钱观，他们的世界里将没有"一粥一饭当思得来不易"，也不会懂得金钱是通过辛勤劳动挣来的。这也是很多啃老族为人诟病的原因，想花钱就只管跟父母张口要，他们会觉得父母给自己钱花是天经地义的事情，长此以往，丧失劳动的动力，好逸恶劳。

现在的孩子大多都是衣食无忧，有什么要求父母也会尽量满足。蜜糖罐子里泡大的小孩只知道金钱是个好东西，可以换来自己想要的商品，但绝对体验不到生活的艰辛。

慢慢地，我们现在看到的孩子，很少有人保持着中华民族勤俭节约的传统美德，他们挥霍、浪费，养成了没有节制的消费习惯，变得自私自利，不会珍惜，没有感恩之心，不懂得孝顺父母。而有一天，当父母不愿意给孩子零花钱时，孩子怨恨地想："这本来该给我的钱被你们藏起来了。"由此衍生的家庭矛盾不胜枚举。

因此，若想让孩子学会珍惜生活，珍惜父母的劳动成果，爸爸妈妈需要尽早给孩子灌输正确的金钱观，让孩子懂得花销有度，量力而行，把钱用在刀刃上。人应该是驭使金钱的主人，而不是匍匐在财富脚下的奴隶。

只有理性地掌控金钱，才能很好地避免孩子染上不良嗜好，这对培养孩子的品性也是大有好处的。君子爱财，取之有道。培养孩子正确的金钱观，从根本上说，完全是为了孩子能够健康积极成长。

在我们的身边，有太多的人既爱钱又嫌弃钱。这矛盾的思想可以追溯到古代，希望自己占有更多的财产是人类共性。文人雅士“不为五斗米折腰”的气节令人钦佩，普通人做不到看淡钱财，却又对高风亮节深感钦佩，这样的纠结让人们认为钱才是阻碍自己达到更高境界的绊脚石。

事实上，我们没必要对金钱怀有如此大的仇恨，在经济学上，钱不过是一般等价物，是维持社会经济秩序的通货。

很多人信奉“钱乃万恶之源”的观念。后来证明，错误的不是金钱，而是被钱冲昏了头脑的人。

有段时间，牛仔突然对金钱的渴望变得强烈，经常找我要钱。我马上意识到，孩子最初的金钱意识开始萌发了。这个时候孩子亟待家长的教育和引导。在查阅了很多资料，综合了很多事例之后，我为孩子建立了一个属于他的存钱箱系统。我帮他分别设置了 3 个钱袋来装小零钱、固定储蓄金和礼物金。

钱袋材质我觉得以透明容器为佳，方便看到里面现金数目。我使用的便是透明的拉链袋，简单实用，放纸钞也很方便，还可以当作钱袋带出门，也有的妈妈喜欢用玻璃罐或者塑料密封盒。

我让牛仔将他每星期得到的现金分配到这 3 个钱袋中。其中五分之三的钱作为固定储蓄金，在没有大额目标时无论如何都不要用这笔钱。剩下的五分之二他可以自由支配，但必须至少有五分之一作为礼物金，当他需要给予别人金钱或礼物时可以使用。剩下的钱作为日常的小零钱，他可以随意支配。最后我要求他把消费细节记录下来报告给我们。

一开始的时候，牛仔感到不解：这不都是我的钱吗？为什么“固定储蓄金"袋子的钱不能用？都放在"礼物金"袋子里不行吗？

我问他："按照现在的情况，你每周差不多能得到10元，如果把占其中10%的1元放入'礼物金'和'固定储蓄金'中，你还有9元。如果都放在小零钱的钱袋里，你觉得你可以在一周内花掉吗？""当然啦！"他得意地说，"我可以每天在学校买冰激凌，去外面玩时买玩具小汽车，就全部花完啦！"我继续问："那如果有一天你想花300块看演唱会时怎么办？"

牛仔一下子瞠目结舌了，我趁热打铁教育他说："爸爸妈妈不可能为你所有想要的东西埋单，你需要多存一些钱，为将来更大的需求做准备。如果你持续用掉你所有的钱而没有固定储蓄金，你可能永远也买不成这些昂贵的东西。而如果你有固定储蓄金并一直坚持往里面放钱，你就可以做到！但我还是要听听你的意见，如果你一周的零钱只有3元，你觉得够吗？如果你不情愿，我们可以停止这样的设定，你可以继续随便用你的钱。"

这一次牛仔认真思考了一会儿，回答："妈妈，我其实也不需要买玩具小汽车，我愿意存多一点儿的钱买更贵、更好的东西。"

"好好利用你的固定储蓄金和礼物金，尽量用到最想用的地方！"我拍拍他的头说道，"当你的存钱箱满了后，我可以帮你存到银行哦。"

礼物金对孩子来说也是一个比较新的概念，但试用一段时间后我觉得大有裨益。牛仔以前是个"小抠门"，但是每逢同学过生日，他又总很想表现得很大方，就缠着我们软磨硬泡要钱。现在明确了礼物金钱袋只能用来给予后，他碰到这种时候反而不抠了，爽快地拿出自己的钱来。给朋友买小礼物、给街头艺人打赏的钱都可以来自这个钱袋。

通过这3个钱袋，我给孩子讲清了存钱、消费和赠予的理念。至于比例，每个家庭的实际情况不一样，可以灵活更改。我建议，不管如何至少保证五分之一的礼物金，“赠人玫瑰，手有余香”，礼物金可以让孩子知道，钱并不只是铜臭味的。至于剩下的额度，可以自行安排，在孩子有明确的大额目标时，可以鼓励他节省日常花销，多储存一点儿钱。这套系统我目前也还在慢慢试用中，但就目前结果来看，行之有效。

我们都知道不能一味地满足孩子的要求，但是在这个物质极大丰富的年代，想要控制孩子的物欲谈何容易？所以我们的教育方向要转变，着眼于怎样抵挡发生在他身边的重重诱惑，怎样对孩子说“不”，在控制孩子购买欲的同时，完成他的财商第一课，是我们全新的目标。

【真麻麻有话说】

在培养孩子的金钱观上，父母最忌讳的有两点。

哭穷：很多家长因为怕孩子乱花钱，会说已经没有钱了，所以不能买。

攀比：一些家长抱怨孩子喜欢追求名牌，但如果父母就爱攀比，那么孩子也会是这种性格，他们会在无形中受到很大影响。

在日常生活中，我们经常会遇到这样或者那样的难题。

孩子在电视上看到什么就要什么

问：现在的少儿节目中间穿插大量广告，孩子看见什么广告就跟我要什么，怎么办？

答：关掉电视！既然没有给孩子看真正有益的少儿节目，我们索性不看电视，去做一些其他事情分散他的注意力。

带孩子去超市总让给他买东西

问：排队结账的时候，收银台前的那些泡泡糖、棒棒糖、巧克力一个劲儿地跟孩子招手，而前面的队伍总是慢吞吞蠕动。所以每次都是我抵挡不过孩子的纠缠……

答：最好的办法就是事先和孩子说好此行的目的，并且告诉他只能给他买一样东西，让他自行决定是买一杯果粒酸奶，还是买一包海苔。

小朋友有什么，孩子就要什么

问：孩子总会缠着我给他买和隔壁家小朋友一样的电动车，或者和同学一样的光电手枪……

答：对于这件事，你必须在他第一次缠着你买的时候就态度坚决："不行，因为你已经有很多玩具了，它们足够你玩一晚上的。"从孩子能够听懂你的话开始，你就有必要帮他建立"家里的钱应该花在哪儿、怎么花"的概念。

该怎么恰当地告诉孩子某物品的具体价值

问：我希望孩子能有一定的金钱意识，了解某些物品的具体价值，但是又不愿意在孩子面前过多地谈论钱，该怎么办呢？

答：可以和孩子一起把家里的旧报纸、空饮料瓶卖给收废品的人，换得的钱和他一起存进小猪存钱罐。外出的时候，允许他从里面拿出1元或者2元钱，由他自己来决定，拿这些钱买一支雪糕还是两张小贴纸。通过这一"挣"一"花"的过程，帮助孩子形成初步的价格意识。

总是找不到拒绝孩子的有力说辞

问：虽然我知道说"不"对我、对孩子都很重要，但是面对他可爱的小脸和信任的眼神，我总是张不开口拒绝。

答：你可以认真倾听孩子的请求，耐心解释不行的原因，坚决贯彻既定的方针。你的理由一定要有说服力，而不是简单的“妈妈说不行，就是不行”的粗暴腔调。

小孩子对金钱是没有具体概念的，这个时候爸爸妈妈就要给他建立一个正确的金钱观。当孩子在电视上、超市里或者是其他小朋友的家里看到有趣的物品向你索要时，你要帮他建立“钱应该花在哪儿、怎么花”的概念；同时耐心解释不行的原因，坚决贯彻既定的方针。

我们应该帮助孩子建立起正确的理财观，而且越早越好。

让孩子越早认识金钱越好

当孩子还小的时候，家长就可以开始教他们分辨不同的硬币价值，然后给孩子准备存钱罐，教他们如何将平时收集到的硬币放到存钱罐里。有个实质的存钱罐后，孩子会更清楚地感觉到金钱的存在，并且真实地看到、感觉到金钱的累积。

很多时候我们也有这样的感觉，自从线上支付流行以来，很少有机会使用现金了，支付宝、微信扫一扫方便快捷。奇怪的是，当钱变成手机里的一串数字，我们用起来会更舍得、更不心痛，这就是传统金钱认知的规范失去了效果。长期以来，我们只知道钱币珍贵，而手机里的虚拟数字降低了我们对珍贵的体验感。

协助孩子设定自己的目标

孩子存钱多半会忍不住花掉，所以我们要加强孩子的自制力。一旦孩子有了自己的存钱罐或是账户之后，就可以开始跟孩子讨论如何使用金钱。

首先教孩子理解需要的东西跟想要的东西有何不同，然后让孩子写下想要的东西，以及何时想要得到。比如说，暑假结束前想要一个望远镜，或是新年到来前想要一辆自行车等。这样的目标能够让孩子有个明确存钱的动力，而在存钱过程中，孩子也学会了抵御诱惑、坚守本心。

科学合理给孩子零用钱

许多父母会认为孩子跟钱无关，他们既没有能力，也不需要管理金钱。孩子需要钱就跟父母开口，父母愿意给就给，不愿意给就不给，金钱的事情完全掌握在父母手中。这样的观念实质上大错特错。

给孩子零用钱，可以让孩子提早认识金钱，也可以让孩子从小养成存钱的习惯，是帮助孩子提早体会责任心的好工具。当然，给孩子零用钱的金额必须适当，过于大方或宠爱反而可能害了孩子。

帮助孩子学会合理分配金钱

在孩子的零用钱少于想要买的东西时，可以让孩子将想要买的东西列出优先次序，取舍和选择是人一生中都在经历的事情，提早让孩子学会割舍和放弃，可以有效培养孩子的大局观。

平时带孩子去商店的时候，也可以让孩子在众多商品当中选一样真正想要的东西。当孩子面对很多玩具或糖果时，往往很难取舍，或想要多拿几样，这时父母一定要告诉孩子，只能够选一种，渐渐地，孩子就会根据自己的需求和喜好，做出成熟稳重的决定。

当培养孩子金钱观时，家长要注意循序渐进，将范围设在孩子能驾驭的范围里，切勿揠苗助长，一下子超越他们的认知概念，那会让孩子感到困惑的。

金色糖豆：《钱是怎样产生的？》

〔韩〕奉贤珠 / 著　〔韩〕林志龙 / 绘

内容简介

钱真的很神奇呀！有了钱，可以盖房子，可以买汽车，还可以买许多喜欢的东西。可钱是怎么来的呢？

这本绘本虽然文字简单，但是它同样做到了讲述清晰、流畅。此外，它的绘图也很有趣。

真麻麻点评

故事从物物交换讲到货币的产生，深入浅出，两三岁开始有钱的概念的小朋友都可以听懂。并不是说从这个年纪起就要培养金融家，但至少不会被坏叔叔骗走自家抽屉里的钱。

紫色糖豆：《儿童财商教育绘本·零花钱之爱炫耀的小袋鼠》

〔韩〕金贤静 / 文　〔韩〕崔东植 / 图

内容简介

这是一整套关于零花钱的绘本，共有5册，分别是《第一份零花钱——零花钱的认识》《钱币精灵的问题——制定用钱计划》《姐姐的秘密——钱的合理使用》《爱炫耀的小袋鼠——钱的保管》《大方公主——学习记账》，这 5 个分册是有先后顺序的，家长可以根据孩子的兴趣和爱好选择合适的。

真麻麻点评

从钱的保管方法和技巧，到防止零花钱丢失的好方法，再到一些经济学常识：墨菲定律和莎莉定律，讲得全面而细致。如果家长能够跟着一起学习，一定也能对经济学有更深的理解。

新物种——“手机虫”

爱看书的人被称为“书虫”，电脑和互联网的出现催生出一批“网虫”，现在全民手机时代又为我们带来一批新的“虫子”——“手机虫”。

现在的网络发达，移动设备便捷，手机基本上是每个人的标配。而手机以丰富的资讯和繁多的游戏不断诱惑着定力不足的小朋友，智能手机更是成为每个孩子疯狂想要拿到手上把玩的新宠。小“手机虫”玩手机也已蔚然成风。

说来惭愧，我曾经在家中就是一个不折不扣的大手机虫。

在真麻麻群刚建立的时候，每个群都是我亲自管理的，多达 26 个真麻麻群，需要付出大量的精力和时间来活跃日常气氛、解答家长问题、开展相关活动，彼时手机成为我放不下的遥控器，调试着妈妈群里的细枝末节。在妈妈群尚未步入正轨的那段时间，我除了吃饭睡觉，在牛仔面前总是一副低着头的样子，手不停地在手机上划来划去。

虽然我确实是忙于工作，但我还没有意识到自己的行为给牛仔带来了多坏的影响，他一定以为妈妈被什么好玩的事物吸引住了，进而冷落了他。我曾经重视言传身教，为牛仔树立过很多正面的榜样，没想到这一次我失策了。

起先，这个问题并没有引起我的注意，直到有一个负责管理真麻麻群的妈妈在群里诉苦说自从管了群之后，发现自己陪孩子的时间变少了。她说，孩子看她总是低头摆弄手机，以为是什么了不得的东西，便也总是吵着要玩手机。无奈给孩子配了一台手机之后，母子两个也不说话，主要是孩子不愿意理妈妈，两个人各玩各的，大部分时间里形同陌路。

当局者迷，旁观者清。这位妈妈的话一言惊醒梦中人，我认真地反思自己，结果不琢磨还好，一琢磨便大吃一惊。难道我建立这个妈妈群的初衷不是为了增进家长和子女之间的沟通吗？可是如果家长因为过分沉迷于微信上的交流，而减少了和孩子沟通的机会，懈怠了对孩子日常行为的体察，那岂不是南辕北辙、适得其反吗？我不禁暗叹网络是把双刃剑，一不小心就着了它的道！

于是我连忙回头观察我自己的孩子，果然不出所料，牛仔已经出现问题了。

他每天早晨起来，第一件事就是跑到我的房间，如果这时刚好看见我拿着手机，他一下扑上来，非要凑到跟前和我一起看手机，怎么赶都赶不走，说是想看看屏幕上面有没有他认识的字。等到我把手机放下，他就立刻闹着说："为什么不玩了？你不玩给我玩，我想玩手机！"再加上我经常会在微信群里分享一段牛仔表演节目的小视频,因为牛仔有自己的"明星梦"，所以他总想在手机上看看"粉丝们"是怎么评价他的。嗬！手机里面让牛仔操心的事情可真不少！

我发现牛仔的成瘾状况加重了，因为我不止一次发现他趁我半夜睡着后，偷偷拿起我的手机，开始在微信群里面乱发表情包刷屏，甚至大半夜发一大堆呜里哇啦的语音，吵得别人睡不着觉，给他善后的我心里又气又急。气是因为牛仔没有管好自己，偷完手机又用手机胡作非为；急是我意识到牛仔的成瘾开始有抑制不住的发展趋势。虽然他还没有特别沉迷于手机游戏，但是这样的行为已经引起了我的警觉。

对孩子来说，对有诱惑力的事物产生好奇是成瘾的第一步。从这一步开始，家长必须开始有意识地进行关注了，而不能放任孩子，这样有趣的电子产品，连我们都存有依赖，哪里能指望孩子抵住诱惑？我见过太多有不良习惯的孩子，都是从不节制的好奇尝试开始的。网络作为成瘾物之一，虽不如毒品毒性猛烈，但也向来有精神鸦片之名，一旦沉迷其中，纠正也绝非易事。

作为一个新闻工作者，孩子沉迷手机的新闻我屡见不鲜，孩子偷刷父母的银行卡，用几万、几十万块钱充值网络游戏倒在其次，这些骇人听闻的事实则让我心悸不已：江苏小伙小军因连输几局游戏而愤懑不堪，挥刀连捅自己十几刀；某大学生毕业后在家中打网游度日，一日不耐母亲唠叨而自戕，用斧子砍下自己一只手臂。

作为一个家长，我知道孩子染上网瘾只是三五天的事，我害怕自己的孩子沾染上整天沉迷手机的坏习惯，影响他的成长，更害怕孩子的网瘾发展成躁郁症，在精神失控时随意践踏自己的生命。

为了避免牛仔沉迷手机，“灭虫”活动迫在眉睫。我先将小“手机虫”牛仔的注意力尽量往其他方面引导。比方说，我带他一起搭积木、玩乐高、拼车模，锻炼他的动手能力，拼图、玩文字游戏则可以增强他的理解能力和逻辑能力。在精力被这些有益又有趣的活动占据之后，玩游戏的兴趣自然可以得到抑制。

同时，我也深知家长完全杜绝孩子玩手机是不可能的。孩子总有一天会脱离父母的掌控，独自去面对外界花花绿绿的诱惑。如果对区区一部手机就如此严防死守、如临大敌，那孩子对于这种事物的抵抗能力就会很低。

很多时候游戏是孩子们之间沟通和交流的主要话题。当别的孩子都在兴致勃勃地聊这些东西，自己的孩子全然无法参与的话，那他岂不是变成了工业时代之前从树上掉下来的猴子吗？小伙伴们就喜欢嘲笑这种离群索居的孩子。况且，完全不懂这些现代的科技产品，那岂不是和社会、时代脱节。既然手机风靡，那必然有它的可取之处，考虑到这些，我会偶尔让牛仔玩一下游戏。

但仅仅是这样做还不够。二年级的下学期，牛仔的学习成绩陡然下降。即使我能牵强附会地找出十几个借口，也还是不得不承认这件事跟玩手机脱不开干系。正常情况下，妈妈们首先都会选择干掉罪魁祸首，回家的第一件事情就是将家里所有的电子设备都藏起来，杜绝自己心中的罪恶之源——手机。然后家长在孩子的不甘心下，继续与之展开漫长的捉迷藏游戏，劳心劳力。

我遇见这件事的第一反应，也是让牛仔远离手机。但是我学过的心理学知识不忘提醒我一声，著名的心理学家埃里克森说过：“问题的提出者恰恰是问题的解决者。”孩子爱玩手机，问题真的是在手机吗？家长把手机藏起来有什么用呢？家长也可以问问自己，自己离得开手机吗？一方面手机是工具，另一方面它不也是一个游戏的替代品吗？

既然问题从游戏中来，那么我就从游戏开始。我采用 NLP 讲的“先跟后带”的方法，先看看他喜欢玩什么游戏，然后尝试着跟他一起玩，再从实践中找出解决措施。这不玩不知道，在“牛老师”的教导下，我发现游戏竟然太好玩了！在游戏的过程中，我不免赞叹现在游戏制作之精美，连我这个乏味的人也一下子找到了刚开始玩游戏大富翁时心动的感觉，非常开心与放松。

意外之喜是，我深入游戏中仔细研究，终于摸索出孩子喜欢游戏的三大成因：

逃避现实生活

在现实中，一个小孩子总是要面对一大堆作业的，再加上牛仔做作业又慢，所以写起来更是困难。在玩游戏的时候，精神摆脱了枯燥的作业、妈妈的碎碎念以及其他不快，身心只管沉浸在虚拟世界之中，什么都不用去想。至少在那短促一瞬，他暂时地逃避了现实。网瘾的加重是孩子把生活重心转移到网络世界上来，为更长时间逃避现实，便不分昼夜地玩。

情绪宣泄

每个人在现实生活中都有一些情感是不能随便表达出来的，特别是负面的情绪。对于成长中的牛仔来说，他已经知道不能随便冲别人发脾气。而这些愤怒的情绪，必须要找一个宣泄口。枪战、拳击、角色扮演的游戏对他而言是情绪宣泄的好选择，但是游戏里随意伤人、杀人会给孩子带来蔑视生命的价值观。

有意识模仿

孩子们大多喜欢有样学样，牛仔也不例外。就像我们一会儿不看手机，多少就会产生焦虑一样，他也会深受影响，觉得手机很重要。

如果说观察大人的生活是一场探险，那么手机就是通向大人世界的神秘钥匙。通过手机他可以了解到各种各样的事情，去体验一把虚拟世界的成人快感。

其实，孩子沉溺于虚拟世界的理由跟大人没有什么两样。只是对于孩子来说，他们缺乏自制的能力，在沉溺的同时不能正确分清虚拟与现实，模糊了两者的界限。家长要做的，就是让他们分清界限。

基于以上几点，我做了如下安排：

日常生活多样化，每天晚上增加体育锻炼的时间

跳绳、做游戏、玩拼图和乐高……在这些过程中，设置游戏关卡，让他跟自己闯关，超越自我记录，比如本月跳300个，下个月就要跳400个。当然，如果有小伙伴“联机游戏”，那么也可以把虚拟的赛车游戏搬到现实中来，让他跟楼下小朋友骑自行车比赛，看谁骑的圈数多，慢骑、快骑都可以列作比赛项目。

为了在微信群里积极表现，他需要背古诗，背的古诗越多，在微信群里露脸的机会越多，这带动了他学习古诗的热情

小孩子爱面子，原本枯燥的古诗词成为他展示自己的资本，就像游戏里的游戏币一样，挣的过程难，但孩子有激情和动力挣，排除万难也要挣，三番五次背古诗词的效率简直如同坐上火箭，瞬息万里。

可以玩游戏，不过必须是玩妈妈帮他选的游戏

本着培养孩子空间思维能力的想法，我带着牛仔玩《我的世界》。这是一个开放的沙盒建造游戏，我们可以在里面搜集各种各样的材料，发挥自己的想象建造各种各样的房子。

牛仔特别喜欢《我的世界》，他想当建筑学家的梦想也得归功于这个游戏，他还在游戏里面建造了我们的新家。牛仔的雄心却不满足于此，他向我保证，等他彻底会玩之后，还要在游戏里面建一个和我们家一模一样的房子。

既然要玩游戏，那不如选择有利于促进孩子发展的益智游戏。令我欣慰的是，孩子一直对这个游戏的兴趣不减，在造房子的过程中也培养了他的专注力。既然他热爱建筑，那我才不管他是一个盖房子的建筑工人，还是一个建筑设计师呢！

增加重复性工作的乐趣

日复一日，年复一年，所有人都讨厌机械性的一成不变，牛仔尤为怨恨重复的单调。很多时候，遇见要下苦功夫的事情就逃避，不是因为他怕累，而是感觉到枯燥而毫无兴致。这个时候，作为妈妈，最好的解决办法就是陪伴。当他写字的时候，我会点上香，放一首古琴曲，和他一起练字。慢慢地，他沉浸在古韵悠长的氛围里，也就不再去惦记打游戏的事情了。

建立游戏奖励制度

每一次玩游戏的机会都需要自己争取。比如说，只要他积极主动地做了家务，我就会奖励他玩 5 分钟的游戏；多写一页书法作品，也可以得到 5 分钟的游戏时长；提前 20 分钟完成作业，可以奖励玩游戏 6 分钟。依据各种事情的难易程度，给出的奖励各不相同。

以上还远远不够，那只是一些辅助方法。要想从根源上行之有效，我得在观念建立方面下些苦功夫。我主动带着牛仔一起阅读各种网络成瘾的事例，让他明白沉迷网络的危害，以便在他的心里面埋下价值观的种子。在经过思想教育之后，他陷入沉迷游戏的困境时，自己也会警觉，产生预防机制。

很多家长为了消灭孩子对手机乃至网络的依赖，在方法上选择一刀切——一律禁止。但越是这样，孩子的反抗心理就越严重。白天不让他玩，他就晚上偷偷玩。平时不让他玩，假期没人管的时候疯玩，这玩下来一发不可收，非但瘾症难以好转，能不加重就谢天谢地了。

针对这种情况，我的意见是：让他玩，玩得越拼命越好。

游戏好玩吗？没玩够的孩子自然想玩，像犹抱琵琶半遮面的美人，只展露了一半的美貌，还有藏在后头的另外半边让你心痒不已，如果看多了你会觉得整张脸有些厌烦。同样，游戏玩多了之后，乐趣自然就没有那么强了。

其实我们客观看待，游戏不过是一个比其他娱乐方式更具吸引力的活动，当它成为负担时，它一样会让人感到很乏味。就好像我们饥饿到极致的时候，看到什么都能大快朵颐，可如果我们吃得十分饱时，哪怕闻到满汉全席的香味都会无感。

我曾让牛仔尝试过无止境地玩过一次游戏，一开始他非常兴奋，昏天黑地畅快玩了半天，结果半天之后他眼里只剩疲惫和厌倦了，后来很长一段时间他再也没有吵着说要玩游戏。

你看，家长们视为洪水猛兽的手机和游戏也没有那么可怕，生命力顽强的小“手机虫”也是有天敌的。我反而觉得，越是有诱惑力的东西，越是有好对付的方法，役其所长，避其所短。如是，方制胜余。

黑色糖豆：《再见，电视机》

〔比〕帕特里克·贝尔 / 著 〔比〕克洛迪亚·别林斯基 / 绘

内容简介

在法国，该书获得〝法国孩子最喜欢的书〞，要知道这可是法国孩子一票一票投出来的，非常有意义。在韩国，韩国文化部向全国的孩子推荐了这本书，推荐语如下：《再见，电视机》以一种诙谐幽默的方式，让孩子明白长时间看电视，电视机也会崩溃，比起你千篇一律的说教，这个故事可以达到更好的效果。

真麻麻点评

让孩子们对电视机说〝再见〞，妈妈们苦口婆心的教导都做不到的事情，这个小绘本是如何做到的呢？而且是用这样轻轻松松的方式就让孩子们对电视机说再见呢？家长们，赶快带孩子看一看吧！

绿色糖豆：《要是你给老鼠玩手机》

〔英〕戴维·米尔格里姆 / 著

内容简介

如果你给一只无聊的老鼠一部手机，即便只有 10 分钟，它便可能从此丧失时间观念，无视你的话语，不论何时何地沉溺于此并“越走越远”，不论它走到哪里都对周围发生的事情漠不关心，错过了生活中真正的乐趣。

越来越多的家长希望能解决孩子沉迷平板电脑、手机等各种电子产品的问题。本书就是为了迎合并满足家长这种强烈心理诉求的。

真麻麻点评

通过延续畅销书《要是你给老鼠吃饼干》系列“要是你……就……”的思辨逻辑，呈现出一只“低头族”老鼠兜兜转转、多米诺骨牌式环环相扣的奇趣冒险旅程。这种夸张的讲述方式生动形象地展示出老鼠玩手机的痴迷与荒诞，让孩子从中看到自己的影子，引发思考，主动放下手机。

红色糖豆：《潘妮，别看电视啦》

〔美〕格伦·麦考伊 / 著

内容简介

潘妮整天看电视，根本无暇顾及她的狗巴克利。巴克利尝试各种办法吸引潘妮的注意力也无济于事。一天，巴克利偷偷把电视机弄坏，潘妮发现电视机“坏了”后惊慌失措，让巴克利帮她想办法。

巴克利在报纸上发现了电视修理铺的广告，于是带着潘妮和电视机走出家门去找那家修理铺。在巴克利的带领下一路欢声笑语，捉迷藏、放风筝、游泳、钓鱼、画画、去图书馆读书……走出家门的潘妮逐渐忘了修理电视机这回事，并发现原来除了看电视之外还有这么多有意思的事情。

在这本书中，没有任何劝导、说教，甚至家长的形象都没有出现。只有一只对小主人忠心耿耿的〝心机〞小狗巴克利，为潘妮修理电视机〝出谋献策〞，从而使走出家门的潘妮不知不觉地领略了外面世界的精彩与有趣，逐渐摆脱对电视机的迷恋。

真麻麻点评

本书这种〝顺势疗法〞对电视迷们亲切自然，合乎逻辑的解决办法简单又有效，读完此书，不禁让孩子主动反思〝因为沉迷电视，我是不是错过了一些更有意思的事情〞。

牛仔的旅行地图

每当有人问起牛仔："你都去过哪些地方啊？"他总会得意地像报菜名一样地将自己去过的地方报一遍：美国、加拿大、马来西亚、新加坡、韩国、日本、泰国、柬埔寨……亚洲东部和东南部的国家，他基本去了个遍，就连大洋之外的美洲大陆都留下了他的足迹。当牛仔一遍遍地跟人讲起自己在异国他乡的那些经历时，我们依旧能感受到他语气中的得意与快乐。

我一直都遵循"读万卷书，行万里路"的理念，因为旅行中的体验和记忆会成为生命中的碎片伴随孩子的成长。从幼儿园开始，每个节假日我都会带他出去看看，并根据远近的不同，安排出游频率。郑州郊外有很多菜园、果园，一年四季都有成熟的蔬菜和水果，我们会根据不同季节去采摘苹果、西瓜、草莓、蓝莓、树莓等。实在不方便出去的时候，我们也会去屋顶花园摘菜。每隔上一两个月，我就要跟牛仔来上一次短期旅行。郑州是全国的交通枢纽，好在去哪儿都不远，所以我们选择沿着铁路线或者飞机航线走，像西安、长沙、北京、上海、广州、洛阳、武汉……其实最美的风景不一定在远方，主要在于沿途的体验。只要有一双发现美的眼睛，处处都是令人留恋的人或事物。

每年我都要带他出国看一看异国的风景。刚开始带他出去的时候，我什么都不跟他讲，心想着孩子还小，没必要给他灌输那么多不理解的知识，让他自己去听、去看、去感觉才是最真实的。但是，后来我发现这种方式并没有达到带孩子旅行的目的。虽然风景看了，照片也拍了，但是一回来就全忘了，除了当地特色的小吃和零食之外，并没有特别难忘的记忆。我带孩子出门旅行是希望它有意义的，虽不说远游一趟就要写个八百字的旅游感想，但至少要对当地的人文地理有一定的了解和自己的感悟才对。所以，为了让每一次的出行都更有意义，我后来在出行的策略上做了改变。

每一次出行之前，我们都要先在地球仪或者是地图上找到将要去的地方，并用红色笔标注好。然后看一下这个地方的地质地貌，到网上搜索这个地方具体的面积有多大，有什么样的独特风俗。如果这个地方有特殊习惯或者禁忌，再花点儿时间了解一下，防止出行的时候出现特殊情况。

第一步，按照出行的安排，我们还会将本次出行的路线画成一张图，带着牛仔了解每一站停留的意义，以及每个景点的历史。

第二步，从当地的风土人情开始讲起，带着孩子了解不同地域的自然差异和人文差异，告诉他这个地方的特色，在风俗上又有哪些禁忌，还有什么是特别需要我们去学习的地方。比如带他去福建古城惠安之前，我早早地就在网上查了相关资料，由此提前了解到这个地方的北宋洛阳桥和明代崇武城均是国家重点保护单位。此外，惠安县的惠安女有着独特的民俗，她们的服饰有奇特魅力，性格勤劳勇敢。

去美国关岛之前，我们提前了解到关岛三分之一的面积是军事基地，摸清了哪些是可以进的，哪些又是禁区。男孩子们都对军事着迷，我就提前在网上将各种飞机、航母的图片下载下来给他看，避免盲目出行。得益于准备工作做得好，在关岛沙滩上空飞过的每一架飞机，牛仔都能够准确地说出它们的型号和机种特性。

除了这些准备之外，我还会跟牛仔讲国际政治相关的问题，并了解当地新闻，告诉他最近发生了什么事儿。而这些国家或城市又有哪些值得我们铭记的历史。每到一个城市去，我一定要带着牛仔去看那里的博物馆，了解这个地方过去的记忆。

第三步，每去一个城市，做好旅游攻略是非常必要的。搭乘哪一天的飞机，几月几日返程，在景点的几天我们又该做些什么，这些都是要事先安排清楚的。

第四步，每到一个地方之前先查一查那些地方的工艺品或者旅游纪念品有什么，有哪些是值得购买的。话虽然这样说，但无论到哪里我们都会买一样东西，那就是冰箱贴。

每次出去旅行，我都会尽力发掘当地特色的冰箱贴。每一个冰箱贴都记录这一段难忘的记忆，记录着我们携手走过的路。它们的意义在于，当你回忆过往的旅行时，看着它们就能将当时的情境（或意外或惊喜或尴尬或美好）娓娓道来。

第五步，我们会看一看那里的天气情况，然后提前准备好需要带的服装。如果是出国，跨越洲际的气候很难和我们的气候一致，所以为了避免极端天气的出现，各种类型的衣物都要预备一件。每一次出行，牛仔都要自己打包行李。我们每次出门旅行也基本是他一个箱子，我一个箱子。这是为了教会他自己的东西必须得自己学会整理。

现在回忆起来，我已经带他走过很多地方了。这些地方的风土人情虽然和我们有很大的不同，但是孩子也乐意接纳各种不同，觉得这才是出去旅行的目的。旅行中，有时候即便计划做得再周全，还是会遇到各种各样的突发状况，这些计划也会有调整。任何突发状况都意味着一个新的挑战，或者新的体验。因此我们相互约定出门旅行的时候不互相抱怨，如果谁抱怨，那就停止旅行。孩子在这一点上和我达成了共识，而且他已经认为自己是个资深旅行家了。

我现在还记得一年级的时候带他去长隆玩。我这个妈妈太死板了，为了让他把作业写完再去，我居然在家等着他写作业。等着等着，我们愣是把打车的时间错过了，最后连锁反应下又错过了飞机起飞的时间。那一晚，我们俩只好在机场住了一夜。那一次出门规划失利之后，我跟牛仔认真地分析了自己的错误。牛仔反倒很大度地一点儿都没有怪我，说："妈妈，你还是挺谦虚的呢，能知道自己的错误，知错能改就好。"

有的时候，旅行未必要去热门的景点，去一些小城市，看一看僻静的风光，静静休息一下，也是不一样的体验。

2019 年，我带牛仔去了泉州，这是因为我们两个在中央电视台的广告上看见了美丽福建的宣传片，孩子便指着电视问我福建在哪里。我告诉他我们已经去过福州了，结果他印象不深，大呼遗憾。恰巧又一个偶然的机会，我们在互联网图片上看到了美丽的、戴着斗笠和围巾的惠安女，这一下子激起了我们的好奇心。于是，我立刻跟牛仔提议："牛仔，咱们去惠安吧！"

在我的心里，带孩子出门旅行是想让他感受祖国的地大物博，更是想让他领略不同文化的风采。我带他去福州和泉州，就是为了让他了解闽南的文化，感受和中原不一样的文化氛围。

打定主意之后，我们俩买好机票就出发了。我们到惠安时，清晨的沙滩上人不多，整个大海像是只给我们俩准备的。我坐在沙滩边，静静地看着孩子在沙滩上挖坑、找贝壳，玩得不亦乐乎。我想，这大概就是向往的生活，有爱的人，美的景，静的心，足矣。

我几乎每年都要带牛仔到海边来，但是没有哪一次的体验比这次好。日照海水浑浊，青岛的海边人群拥挤，三亚的沙滩酷热难当，我很庆幸在漫长的中国海岸线中能寻得如此僻静的一处地方。

为了有更好的旅行体验，不至于为住宿所累，我们在旅行的途中经常是一天住一个地方，让孩子同时感受住宅式公寓、民宿和快捷酒店。我原本以为牛仔会对这种迁居的方式有所厌倦，但没想到他最喜欢的就是这样。小孩子本就喜欢新鲜，如此一来能让他减少对旅行的厌倦感。这样的假期不长，基本只有 3 天，但每次的 3 天游对于我们俩来说其实弥足珍贵。我们不一定非要像别人一样待十天半个月，只要做到缓解心理压力，让孩子释放一下心中堆积已久的情绪，同时开阔眼界，增长一点儿见识，就已经足够了。

我至今都还记得我们在关岛的日子。每一天，牛仔都仰着头等待飞机划过天空，因为他在下面研究飞机的机型，玩得不亦乐乎。当我知道在关岛还可以开飞机时，我立刻就带着牛仔去了。一般的操作并不难，简单地学一学就差不多能进行基础控制了，而且你在操纵飞机的时候还会有驾驶员在旁边帮助你，应对各种突发状况。尽管实际上就是驾驶员在飞，但是牛仔同样很有成就感，无比自豪。

如果是自驾游，牛仔一定要拿上他的相机拍上一通。知道他喜欢摄影后，牛仔的小师娘还特意送给他一台照相机，让他走到哪里拍到哪里。牛仔的摄影技术由此提高不少，拍出过不少有趣的作品。

在东京迪士尼，我们穿上亲子装，拍了一张模仿起飞时刻的照片。这个造型后来成为我们旅行时的标志性造型，带着它我们“飞”过了东京，

“飞”过了关岛，“飞”过了柬埔寨和吴哥窟，在世界各地留下了满足与期许。我很庆幸能以这种方式陪伴孩子走过四季轮回，走过山川湖海。

旅行结束以后，我们俩也不闲着，要对一段旅行进行总结。我们会把搜集来的冰箱贴贴在冰箱门上，然后让孩子画出旅行日志。这种方法持续了一段时间，但到后来，我就让他写旅行作文了。为了防止他偷懒，我还需要一遍又一遍地帮他回顾，帮助他将自己的感受用文字表达出来。说实话，我觉得他能不能写好旅行作文并不重要，能用自己的方式铭记才更觉珍贵。

光影蹉跎、世界喧嚣，无论时间如何催着我们向前，也不能丢失了趴在车窗看沿途风景的雅兴，我们总羡慕行走四方，却囿于生活编织的网，即便如此，也要抽出时间，倾听内心的回响，否则就真的是老了、俗了，辜负人生这一趟美好的旅行。

我不爱带着孩子去人多的景点，反倒喜欢带他去那些人不多却也有意义的地方。这是 2018 年夏天在崇武看东海南海气象分界线，孩子不知不觉开始对地理产生兴趣。

每次旅行和儿子拍照，必然会留下这样一张爱心标志动作的照片。

从 11 岁开始到现在，我参观故宫已不下 10 次，但这是我第一次带牛仔来这里认真参观。

2017 年在红旗渠的青年洞前，我给孩子讲当年红旗渠是如何建成的，让他感受并且学习林县人民吃苦耐劳、持之以恒的精神。

我们住在红旗渠宾馆里，宾馆正在举行玫瑰采摘活动，我和牛仔一大早起来，摘了很多带着露水的玫瑰花，一起做玫瑰酱、玫瑰茶饼、玫瑰茶。你看，连记忆也是芬芳的。

中国有句古话：读万卷书不如行万里路。的确，有些东西无法通过读书获取，必须亲自体验一番才能懂得真谛。

出门旅行的孩子可以将自己所学的知识通过旅行来验证，同时，也能在旅行中拓宽视野、增长见闻。不仅如此，在旅行中，他也能获得一个初步接触社会的机会，他们会接触到形形色色的人，遇到各种各样的事。旅行对于孩子来说，不仅有助于他巩固所学知识，同时，也能为孩子将来步入社会打下坚实的基础。

不仅如此，外出旅行对于孩子来说也是一种充电的过程，是对学习生活的一种调节，让他们能从高压的学习中暂时脱离出来，得到调节后从而更加精力充沛地投入学习中去。旅行的意义不只是欣赏异地的奇异山水，而是试着融入不同地域的生活环境中，学会包容多元的价值观。在我们的人性中，总有一种狭隘的想法，这种想法容易固执己见，和别人产生争端。

对于孩子来说，旅行可以帮助他们脱离自己的原生生活环境，去理解不同的文化和价值，有利于建立多元价值观。

【真麻麻有话说】

旅行之前一定要准备的几件事

一起制订旅行计划

家长需要根据家庭条件和孩子的年龄去合理制订旅行计划。在制订旅行计划的过程中，要充分听取孩子的意见，合理安排行程。

在行程安排上，要有足够的弹性和休息时间，大人和孩子才能够保持体力。如果是低龄幼儿，相比跟团来说，建议自由行。

在出发之前，要和孩子一起了解当地的风土民情，可以编成小故事讲给孩子听，让孩子产生兴趣，自己想去比我们带他去更重要。当小导游的感觉能让孩子很有成就感。

目的地的选择上，旅行不是越远越好，而是要选择真正适合的地方。如果时间和经济条件不允许，在郊外的农家乐同样能够享受到快乐生活。

必要物品要带齐

看一看下面这些东西你都带齐了吗？

身份证、护照（外籍人士）、衣物、常用药品、个人卫生用品、太阳镜、雨衣、伞、水杯、充电器、干电池、手机。

旅行安全最重要

一刻也不要和孩子分离。此外，妈妈一旦发现孩子哭闹不停，要仔细观察孩子是不是哪里不舒服，提前做好预防措施。

绿色糖豆：《亨利去爬山》

〔美〕D.B. 约翰逊 / 著、绘

内容简介

本书取材于梭罗《瓦尔登湖》中的一个片段，用充满想象的笔调刻画了向往自由生活的小熊亨利的形象。亨利想去爬山，但他的一只鞋送去修理了。在去拿鞋的路上，收税员以不向政府交税的理由把亨利投进监狱。牢门并不妨碍亨利的自由，他拿出画笔在墙上画风景，用自己的想象爬山。他“看到”了花、蜂鸟、大树、河流、瀑布，在云中穿梭，在山顶遇见一位朋友，两人唱了很多很多的歌……

真麻麻点评

《亨利去爬山》以风趣幽默的语言和明朗的画风，给孩子们种下了诗意生活的种子。生活应该是丰富多彩的，现在孩子们面对的日常生活那么乏味，应该有更多的机会推开看世界的窗，拉着他到不熟悉的大门边，让他去走一走，感受感受。

蓝色糖豆：《自然之歌美育启蒙地理科普绘本》

〔美〕托马斯·洛克 / 著

内容简介

这本绘本由两部分组成，前半部分用诗歌描述各种自然现象；后半部分向小朋友全面介绍了他们可能感兴趣的关于“山、水、云”的自然地理知识，例如山的种类和形成过程，全球范围的水循环过程及观云识天气的窍门等。

真麻麻点评

这是一本非常适合 5 ～ 11 岁孩子认识自然的绘本，它既能让读者在画面和诗歌中领略自然的壮美多变，获得审美享受、美学启蒙，又能通过知识学习更加了解我们生活的世界。

橙色糖豆：《小兔汤姆旅行版》

〔法〕克斯多夫·勒·马斯尼 / 著 〔法〕玛莉 - 阿丽娜·巴文 / 绘

内容简介

小兔汤姆是一个平常的孩子，通过展现汤姆看似平淡的生活，为读者展开了一幅栩栩如生的儿童生活长卷。

真麻麻点评

小兔汤姆就如同邻家的男孩，我们感受着汤姆的喜、怒、哀、乐的同时，也在汤姆的身上找到自己的影子。希望小兔汤姆也能成为你的好伙伴。

参加河南广播电视台“好项目、好建议、好节目”评选活动，在现场我向领导和专家介绍公益项目“爱问真麻麻”，介绍自己主讲的各类家庭教育课。

这几张是我在不同地方做家庭教育讲座的照片。左图是我在讲“真麻麻幸福课”，这个课程我已经把它带进了河南省的 183 个社区。

2019 年国庆前夕，我主持了河南省实验幼儿园成立 70 周年的庆典活动。活动结束后，我采访了河南省教育厅副厅长毛杰，请她谈家校社共育的家庭教育话题。

第
四
章

CHAPTER 4

妈妈要思考

学习、观察、行动，都很重要，但还有一件很重要的事情，妈妈们不能忽视呀！是什么呢？那就是思考！对于小孩子而言，有些事情他能想到、能做主，有些就需要妈妈占主导作用了。到底是哪些事情呢？怎么主导呢？你下得了狠心吗？哈哈，做个既会冲动爱又会冷静爱的妈妈，可没那么容易呢！还是好好想想吧……

暑期：孩子的修炼道场

每当临近暑假，我的微信就会面临家长们各种各样的信息轰炸，真麻麻微信群也是如此，一会儿没看手机，未读消息就已经占满了整个屏幕。那些家长纷纷朝我大倒苦水：孩子暑假疯玩、作息不规律、没人管、沉迷于各种手机游戏。不仅是家长，一些学校的老师也会跟我讨论如何科学地安排孩子们的暑期生活。他们的担心主要在于孩子平时上学有人及时看管，但到了假期难免会经常一个人，怕孩子在这段时间里养成不好的习惯。我的意见是，无须紧张，顺其自然，但要针对孩子的假期做一个统筹安排。

我见过有的家长一到假期就撒手不管，让孩子疯玩，结果开学以后孩子难以收心，成绩直线下降；还有的家长一到暑假就生怕孩子掉队，各种辅导班报得满满当当，可怜孩子背着书包一天到晚不着家，比平时上学还累。根据《中国青年报》社会调查中心联合问卷网的调查显示，暑期给孩子报 2 个及 2 个以上辅导班的家长多达 93.2%，而且内容还集中在学业提高上。诚然，学习对于每个人都十分重要，但暑假是孩子们的修炼场并非生死场，如此高压怎会引导孩子健康发展?

这两种极端，前者太轻松，后者太紧张，假期本是一个劳逸结合拓展知识眼界的最佳时间，操之过急和放任自流都是缺乏考虑的表现，所以这些没有规划的行为都不可取。

对家长来说，暑假必然意味着需要付出比孩子平常上学时更多的关注，考验的是家长的统筹规划能力和孩子的自主学习意识。有一句话说，不怕放暑假，就怕学霸放暑假。这其实就意味着能培养出优秀孩子的家庭必然在假期也有着详略得当的计划，这样有力地促进了孩子的成长。

关于暑假的安排，最基本的是要把学校布置的任务完成。在学习方面，没有人比老师更了解孩子的学习状况，而且学校有自己的进度，家长要做的是努力进行配合，因为如果和学校的教育产生严重脱节，孩子的发展也会受到阻碍。现在学校更加重视素质教育，假期的书面作业不多。但越是这样，对于作业质量的要求就越高，老师们更希望孩子能从中学会自主探索和主动解决。

完成学校布置的这些最基本的任务之后，如果仍有很多的空闲时间，再根据孩子的兴趣报一两个辅导班才是不错的选择。孩子都有自己的小圈子，上辅导班不仅是增强学习能力，而且也能拓宽交友圈。跟同龄的小朋友在一起，有时候比家长的陪伴更重要。跟朋友们在一起的快乐时光是童年最难忘的记忆，我带着牛仔和他的小伙伴们一起学游泳、骑自行车，这样我既不缺席孩子的成长，也不剥夺属于他自己的小社交。

关于如何选择暑假培训班，我认为要充分了解孩子的特点，根据孩子的兴趣商量着来。在我家，每选一个培训班，我都会跟牛仔一起商量，按照他具体的情况来安排。

一年级的时候，我给牛仔选择了吉他班、绘画班和手工班，为的就是让他在外面能有一个和别人交流的机会。到了二年级，我在假期给他报了补习数学和英语的培训班，不让他在学习上落太远。但由于这个时候我没有重视语文，疏忽了对他阅读能力的训练，因此也导致他后来读课文的时候总爱漏字。于是，到了下一个假期我又赶紧给补了回来，他的阅读能力也渐渐跟了上来。

在报班的态度上，牛仔还是非常积极的。比如说数学培训班，就是他有好朋友在里面学习，然后他主动向我要求的。后来牛仔还主动要求加了一节书法课，我非常支持他。原来他一直学习的是毛笔字，改成了硬笔字，因为每天的书法作业就只有6行字，量不多，所以他也容易耐着性子去慢慢写。

除了培训班，我有时还给牛仔安排夏令营。有一年暑假就安排了两个，7月和8月各一个，但每个都只有3天时间。其中有一个是中国童军夏令营，教练把他们带到荒郊野外进行拉练、露营，还有集体的野餐。几天的半军事化训练，孩子的身体和精神都得到了很好的锻炼。牛仔更是体验了一回当小队长的神气，导致回来以后无论去哪里都背着参营时发的小书包。我想，这次活动对他来说一定是难以忘却的。

在我们家，每个假期的安排表都会贴到墙上。这些安排不像学校上课那样紧张，但也不会过于松散，注重劳逸结合。在暑假的安排上，我会征求牛仔的意见，了解到他很想出国旅行等一系列想法后，我就继续按照他的想法一起商量什么时间写作业，每一天完成量是多少，并且跟他约定他完成要求之后就带他出国旅行。

每天作息时间的安排基本按照学校的时间表，但适当放宽。比如说上学的时候6点半起床，暑假就可以睡到7点或者7点半。休息和玩的时间比上学的时候稍多，但需要让孩子维持一个比较平稳的作息时间，这样到了开学才能够很快调整回来。

趁着假期，我还会抓紧时间带孩子多拜访一些人，以开阔眼界。

郑州大学“最美大学生”闫畅是一个非常优秀的人，农村家庭出身，以优异的成绩考上郑大，喜欢机器人的他在国内大赛上获奖无数，更是被中科院直录研究生。我采访他的时候也带着牛仔一起，他带着牛仔到郑大的操场上操纵无人机，用无人机拍摄视频，牛仔玩得很开心，也学到了很多知识。

牛仔平时还喜欢看动画片，我就带他去动漫公司观摩动画片的制作，了解其中的各个流程，在一帧帧脚本创作中他明白了世间的一切都来之不易。

在河南栾川，有3个理工男亲手打造的“漫居民宿”，所有的一切都是这3个小伙儿一手包办的。我带牛仔在那里住了3天，一点点告诉他房屋建造的过程、房间的装饰艺术。我相信，这些看似微小的事情会在牛仔心中埋下种子，终有一天会发芽开花。让我惊喜的是，从现在来看种子已经探出了头，因为他告诉我自己有两个梦想，一个是当建筑师，另一个是当一名动画导演。

一天晚上，我和牛仔坐车回家的时候，他跟我商量第二天早上要做什么给我吃。他说：“我想做小米粥，但是不会，所以我决定明天早上给你下碗面。”坐在前面的司机惊讶极了，问我：“您平时在家是怎么教育孩子的，将来您的儿媳妇有福了。”我笑说：“是我儿子有福了，想吃什么就做什么，他有了更多的选择余地。”其实，不单是这一件小事上我希望他拥有选择权，而是在未来人生中也能拥有更多的选择权。

白色糖豆：《鸭子的假期》

〔以色列〕吉拉德·索弗 / 著

内容简介

一只鸭子到海岛度假，它渴望无人打扰的悠闲假期。但是有人居然翻开了这本书，随着一页一页地翻看，鸭子的假期开始变得有趣了（遇到了越来越糟糕的事情）。而这一切仿佛都是翻书人的错，鸭子开始的时候好言相劝，后来爱答不理，最后只能气愤而无奈地说："你翻吧，我要离开这本书。"结果一群搞不清楚状况的海盗出现了……

真麻麻点评

鸭子总不能称心如意。开始它还跟我们讲道理，后来生气不理我们，最后干脆选择离开。这正是人们遇到麻烦时的情绪处理方式：制止—忍耐—离开。小朋友在日常生活中也会有挫折的情绪体验，鸭子的故事可以帮助他们认识自己的情绪，并选择自己更容易接受的处理方式。

紫色糖豆：《爸妈和我的意外假期》

〔韩〕金高银 / 著

内容简介

爸爸上班等地铁，却被自己的提包吞进“肚子”里带走了；妈妈上班要出门，却被自己的裙子裹住飞了起来；我正在教室黑板前解数学题，发带突然断了，头脑“泄气”的我四处乱飞……我们一家人就这样掉落在空无一人的海边，自由自在地享受着温暖的阳光、大海、沙滩、篝火和美食……可是，究竟发生了什么事呢？

真麻麻点评

随性的粗线条勾勒出无厘头画风，营造了一种轻松诙谐的氛围，与绘本幽默的文字、略带讽刺意味的故事相得益彰，非常有契合度。

去夏令营学当一回大人

每到暑假来临，许多家长都会问我该给孩子报哪个夏令营，又有哪些夏令营值得报。很显然，从小参加不同夏令营长大的家长们越来越关注素质教育，希望能够趁着假期让孩子们增长见识，体验丰富的假期生活。随着城市化进程的加快，对于这些在城市中出生、长大的孩子来说，他们平日里较少有机会去接触城市以外的世界，少有脱离家庭进行独立探索的机会。离开了家长的庇护，孩子去夏令营可以接触到很多新鲜的事物。可能一开始会不熟悉，但是在接触新事物的过程中，孩子们会慢慢发现自己新的爱好和兴趣。夏令营同样有利于培养孩子们的兴趣，发展他们多方面的特长。

我很庆幸牛仔在幼儿园时就能参加幼儿园组织的田野采风活动，幼儿园专门为孩子们建立了一个实践基地——耕读苑，在耕读苑的学习和体验对孩子的影响非常大。那是个山清水秀的地方，所有的小朋友入园后都要去耕读苑住上一个星期，在那里认识蔬菜、粮食作物，了解食物的来源，感知自己与自然的关系。在这一周里，孩子们能了解到农作物的生长发展规律，了解天气和四季的更迭对植物的影响，学会沟通和团队合作，学会食品的筛选。在耕读苑，他们还要学会生活自理，从刷牙洗脸、整理床铺到自我清洁，每一项都必须独立完成。丰富多彩的课外活动和田间劳动不仅教会他们自食其力，更带着孩子们在天地间的大课堂里近距离感受绿色生态教育的独特魅力。

因为在幼儿园就有过这样的体验，所以牛仔参加夏令营的时候一点儿都不怕，甚至有些跃跃欲试。

2015 年，牛仔幼升小的夏天，我跟着他一起参加了亲子夏令营，这一次我们走得非常远，一直到了加拿大温哥华，在那里度过了一段非常美妙的亲子时光。

穿梭在“枫叶之国”中心城市的大街小巷，我们在无数古典与现代交融的景点中流连，走进一个又一个充满魅力的画展，近距离感受绘画艺术带给人的震撼。优美雅致的古典画派、夸张变形的表现主义、幻想与现实交融的梦幻主义，还有荒诞晦涩的现代主义，那些经典的大师的艺术品都在牛仔心中留下了影子。在公园喂鸽子，在市图书馆感受浩瀚的知识海洋，在列治文市的街头写生，这一件件都成了我们母子心中美好的记忆。

当牛仔和我站在温哥华最古老的街区——煤气镇的大街上，我们看见了那座建于 1854 年的以蒸汽作为动力的蒸汽钟。夜晚的温哥华灯火通明、夜色温柔，蒸汽钟裸露在外的涡轮机在蒸汽作用下从未停止转动，不停向外喷发出白色的蒸汽与霓虹灯交相辉映，将这一切都幻化成绚烂的场景。当我给牛仔拍完照片，他兴冲冲地从不远处跑来，一脸正经地跟我说：“妈妈，等你将来老了，我不让你住养老院，一定要带着你周游世界，就像现在你带着我到处行走一样！”听了牛仔的一番话，我的心一下就被融化了。我亲爱的孩子！其实你带不带妈妈又有什么关系呢？做母亲的从没想从子女那里苛求什么，只是希望他一生幸福平安就足矣。

为了让牛仔更深刻地感受异国的风土人情，我们并没有选择住在酒店，而是将住处选在了英属哥伦比亚大学（University of British Columbia，简称 UBC 大学）。英属哥伦比亚大学是一所世界级的顶尖研究型大学，它庞大而又秀丽，坐落于风光如画的温哥华市。

白天漫步在校园的各个角落，除了眼前的景色之外，还可以感受到一座高等学府浓郁的学术氛围，让人心驰神往。夜深人静的夜晚，我带着牛仔参观了大学的图书馆。里面的景象着实让我和孩子开了眼界，敞开的知识大门里，是浩如烟海般的书籍，推门进入，仿佛是在唤醒沉睡几个世纪的人并与之对话。除了重寻电影《博物馆奇妙夜》在图书馆的取景地，我们还隔着厚厚的玻璃领略了生物馆藏的诸多标本。巨大的远古霸主——恐龙骨架就鲜活地摆在我们眼前，恍若穿越。

在哥伦比亚大学待了几天，牛仔突然跟我说：“妈妈，我好想就在这里生活啊！”我鼓励他：“如果你愿意，当然可以生活在这里，只要你从现在开始努力。也许未来的某一天，你也是那些在教室里上课的人中的一员。”我相信，这趟游学之旅一定在牛仔的心中种下了一颗小小的种子。2018年夏令营，牛仔画出了自己最

我们最喜欢的是大学校园游，一起去过国内外很多知名的大学。去加拿大的时候，牛仔很喜欢温哥华的 UBC 大学，后来也一直难忘那里恐龙化石的陈列室。而这张照片来自大英博物馆。

向往的大学，他在图上最醒目的位置标着“UBC”，我等着那颗种子在未来的某一天生根发芽。

有了这次经历，我带牛仔参加夏令营的积极性更高了。小学二年级的时候，牛仔主动参加了“自然之旅”夏令营。这个夏令营的主题是带着孩子们探索自然世界的奥秘。除了在野外生活，孩子们还要学习攀岩、溜索、滑道等各种各样的技能。这一次，我没有再陪着他去，准备放手锻炼他。

我本来以为孩子离开了家长一定会坚持不住，谁知道牛仔独自一个人完成了所有的挑战。他对夏令营的内容非常感兴趣，回来的时候一个劲儿地展示自己活动的照片，没有跟我们诉过半点儿苦。老实讲，我看见他在那么高的峭壁上攀岩，心里虽然有点儿紧张，但是一点儿都不心疼。看着眼前皮肤晒得黝黑、个子长高了的儿子，我突然觉得他一下子成长了，既欣喜又心酸。从夏令营回来之后，牛仔很高兴地告诉我，他自己已经能独立洗外套、裤子这样的“大衣服”了，还学会了在野外生火做饭、扎帐篷。

当孩子开始探索自然的时候，你会觉得他特别可爱。牛仔结束夏令营之旅后，专门给自己准备了一个日记本叫“小鸟日记”。他分门别类地记录了各种小鸟的种类和习性。在日记里，他用心地将小鸟翅膀的作用、小鸟的分布地域等知识用图像语言标注出来，老师讲完课后，他还将这本日记拍给我看。看着牛仔专门做的“小鸟日记”我十分震惊。这个年纪的小孩已经能够用画来记录那么多的事情，说明这个孩子的视觉思维能力非常棒。过去我一直为他注意力不集中而担心，眼前这些才让我渐渐放心下来。

夏令营还对每个完成任务的孩子发放徽章表彰，一个徽章代表孩子的一项优点。牛仔以前在学校里的成绩平平，很少有受表扬的机会，但在夏令营里，他头一次知道了自己有那么多的优点，比如说勇敢、乐善好施、团结、攀岩小能手、紧急包扎等。可以说，夏令营给了孩子重新评价自己的机会。

很多人对于教育有着很深的误解，总想给最好的，但其实不必，放手就行了。放下孩子就走，相信教练会照顾好孩子，更相信自己的孩子能够处理好一切。

牛仔小学三年级的时候，拖延的症状越来越明显。为了改善他的拖延症，我给他在业余时间报了一个“小狼独立训练营”。“小狼独立训练营”的理念来自于大自然中的“狼群”。狼群中的狼有组织、有纪律，每个个体独立而又分工明确，一群狼联合起来更是能战胜比它们强大得多的动物。“小狼独立训练营”就是要将孩子们打造成生活独立的人。

“小狼独立训练营”的领队是一个可爱的体验式教育带头人——“狼哥”。这个“狼哥”是一个10岁男生的爸爸，他特别擅长带孩子野外探索、磨炼意志，更重要的是他有一整套训练孩子的课程。

这个训练营是真麻麻群里面的一个妈妈——佑佑妈推荐的。佑佑和牛仔是好朋友，他们两个有相似之处，就是相对其他孩子来说更胆小，又不太懂得时间管理、做事磨蹭。佑佑妈第一个将佑佑送进这个“小狼独立训练营”，结果夏令营结束后孩子的变化特别大。听她讲，佑佑现在每天都在做不同的表格，将一天里最重要的事情按照表格排列下来，按照轻重缓急的程度标上1、2、3、4，每天晚上临睡之前，还要再把一天里干的事情填到表格上面做回顾。另外，每天还主动写感恩日记。听了佑佑妈的建议，我也鼓励牛仔去参加这个夏令营。牛仔在夏令营里待了一个星期回来之后，跟我说自己特别喜欢那样的氛围，也的确比以前更有自觉和自律意识了。

回到选择夏令营这个问题上来，我认为应该针对孩子的特点进行选择，课业外的见识永远没有最好或最坏的区别，最重要的是家庭的支持。

2019 年暑假，考虑到男孩子的兴趣，我给牛仔报了美国 TT 童军夏令营。尽管只在这个夏令营里待了 3 天，但他收获巨大。在团队里，他是小队长，一个人带着 12 个小朋友。而这 12 个小朋友大多正上着幼儿园，年纪小，管理难度可想而知。可即使是这样，他这个队长还是十分称职。扎帐篷、下雨天爬山、骑马、救人、学习包扎，每一项他都是自己小队里最快的。不单自己做得快，身为队长的他还尝试着帮助其他有困难的小朋友，带领他们一起完成团队活动。在这个过程中，他从没叫过一次苦，从没喊过一次累。身为家长的我，除了鼓励之外，也完全放手让他自己干。

牛仔参加完这个童军夏令营之后跟我说，身为一名童子军，就是要能吃苦，作为一个男人，就是要学会承受。由此可见，这样的男子汉责任教育已经让他懂得了生活不只是有星辰大海，还有遍布的荆棘和险阻。

每一次夏令营不只是对孩子的锻炼，更是家长给自己布置的一份功课。究竟能不能放手支持孩子？能不能狠下心来放手？这些都是对家长的考验。

这是儿子参加"大爱无疆·小狼独立训练营"拍的各种照片。在这里，他学会了洗衣服、做饭、整理内务，还学会了拿着黄瓜当话筒演讲……

真麻麻小课堂

为什么要带孩子参加夏令营?

离开舒适圈，走向独立

现在的孩子大多是娇生惯养，自理能力差。让孩子们远离父母的怀抱，进行生活的自我管理，对他们的成长是一件有利的事情。

夏令营能锻炼孩子的独立能力。在夏令营期间，孩子离开父母，没有家长每天提醒孩子叠被子、刷牙、吃健康的食物等，这些事情他们都需要自己独立去完成。孩子通过夏令营训练变得生活自理了。

另外，夏令营也是家庭教育和学校教育的良好补充。在夏令营中，孩子们将体会到一种不同于学校和家庭生活的集体生活。这种生活是全新的体验，同样也是提高未成年人思想道德修养的重要渠道。

磨炼意志与品格，增强自信

一些夏令营通过具有挑战性的训练项目，锻炼孩子坚忍不拔、勇往直前的意志力，培养积极进取的人生态度和超越自我的意识，提高心理素质，更达观地面对学习和生活中的困难和挑战，增强社会适应能力和抗挫能力。

强健体魄，促进团队协作与沟通

夏令营里是几十个孩子聚在一起，同吃同住，真诚互动，这无疑是培养他们团结协作的最佳场所。

夏令营有利于培养孩子的社交能力。夏令营创造了与伙伴们共同生活、学习的环境，通过合作性的游戏，锻炼了孩子与人沟通和交流的能力。在夏令营的集体生活中，孩子不得不走出原来固定的社交圈，去认识更多的新朋友。一个好的夏令营会为孩子们提供很多的社交机会，让孩子们学会跟其他人进行团队合作，在完成任务的过程中他们将学会沟通、学会共享、学会包容忍耐。

夏令营都有团体活动，团体活动需要孩子利用集体智慧，准确地把握信息，合理运用有限的资源，并且需要很强的实际动手操作能力，考验孩子们合作能力、解决问题时的计划性与严谨性。

感受自然，亲近自然

生活在城市中的孩子们很少有机会投入大自然的怀抱，一些夏令营能把孩子们带到大自然当中，让他们全身心地感受新鲜与快乐，陶冶情操，并且培养热爱大自然、保护环境的意识。

让孩子参加夏令营活动促进身心的发展，能够与其他孩子一起共同生活，并且能够和他们友好相处。孩子从中能学到很多从书本学不到的东西，增长他们的知识，特别是如何与周围其他人共处。

学会感恩

孩子有依赖父母的天性，父母也总对孩子不放心，所以在家里小孩根本得不到锻炼。小孩倒开水，家长怕烫手；切个菜又怕切手……夏令营给孩子营造了一个相互合作、帮助、激励的氛围，让孩子在体验中学会感恩，懂得关爱他人、理解和支持他人。

综上所述，夏令营是一种很好的教育方式，可以利用它来提高孩子的许多能力，特别是培养孩子吃苦耐劳的精神，这是都市里很多孩子所缺乏的。

黑色糖豆：《十兄弟》

〔中国台湾〕沙永玲 / 编著　〔中国台湾〕郑明进 / 绘

内容简介

本书改编自传统民间故事《十兄弟》。

从前，有十个天赋异禀、长相奇特的兄弟。他们之中有顺风耳、千里眼、大力气、钢脑袋、铁骨头、长腿、大头、大脚丫、大嘴巴、大眼睛。有一天，兄弟们好心地帮助百姓修筑城墙，却因此招来了国王的猜忌，由此而引起一连串风波……每当遇到险境，兄弟们的长处都刚好派上用场，最终战胜了国王，如同俗语所说："兄弟齐心，其利断金。"

真麻麻点评

这是一个在民间流传广泛的神话故事，十兄弟的经历充满了戏剧的夸张与想象。在今天，让孩子领会到团结合作的力量，可以说非常重要。

红色糖豆：《超人兔》

〔法〕斯特法妮·布莱克 / 著、绘

内容简介

自称超人兔的小家伙出门去抓坏人，但在树洞里他遇到了一个大问题……超人兔说出了每个小朋友的梦想，也一定会带给每个小朋友快乐，并和小读者们一道勇敢地成长。

真麻麻点评

斯特法妮·布莱克书中的兔子就是不一样，他勇敢，敢于冒险，调皮里透着机灵。有撒娇，有耍赖，那份调皮让人想起孩子的表情。鲜艳的色彩，搞笑的情节，令大人和小孩都读得笑哈哈。

橙色糖豆：《勇敢者游戏：这次他们去太空》

〔美〕克里斯·范·奥尔斯伯格 / 著

内容简介

丹尼尔和沃尔特兄弟发现了一副游戏棋，这副棋看起来普普通通，可当弟弟丹尼尔移动棋子后，不可思议的事情发生了——流星雨像冰雹一样砸向屋顶，天花板破了一个大洞；紧接着，沃尔特突然失重，朝着那个大洞飘去；挥舞着钳子机械手的暴力机器人、布满鳞片的外星人海盗正在一步步朝他们靠近……每一次移动棋子，都有可怕的事情发生，而这个游戏一旦开始就不能中止……

真麻麻点评

这本书完美呈现了一场惊心动魄的太空冒险之旅。流星雨、外星人、黑洞……可怕的事情接连发生，兄弟俩必须充分信任对方，互相配合，才能走到终点，回到原来的世界。这个故事之所以能收获那么多的感动，是因为它理解和陪伴的主题。

换个地方当儿子

从 2018 年开始，中央文明办等五部门联合开展“新时代好少年”学习宣传活动，陈奕名就是河南省委宣传部评选出来的一个示范榜样。我在 2018 年夏天的采访中认识了他。

说来也巧，工作开始前，我只是在人群中扫了一眼，就被一个眼神吸引住，平静的心便恍惚起来，哇，怎么感觉这孩子似曾相识啊！他和牛仔一样清秀俊朗，就连身高、体重也差不多。喔！恍然大悟——这不就是我特别想给牛仔找的一个榜样吗？于是我在现场跟他攀谈起来。

从手头的资料上了解到，名名是洛阳市的一名四年级学生，这个孩子落落大方、对答如流，咬字也很清晰。参加当天交流活动的，主要是来自省委宣传部对口扶贫山村的孩子，为了调动他们的热情和积极性，我在台上说，我会从你们当中选一个孩子和我共同主持以后的少儿活动。孩子们的眼睛一下子全都亮了起来，积极性全都调动起来了。

在与名名的交流过程中，我注意到有个人举着大相机在为我们的交流不停地拍照，余光过处，我猜测这个频频拍照者就是名名的家长，一问果真如此。于是我问名名：“你爸爸是学摄影的吗？”他得意地告诉我：“我爸爸是商业摄影师！”

从对话中我了解到，名名爸爸是解放军特种兵出身，高中毕业后先当了兵，又在部队考上了军校，军校毕业后还参加过国际侦察兵比武，是个雷厉风行、铮铮铁骨的“硬汉”呢。而名名妈妈在郑州工作，是爸爸一个人带着名名在洛阳。我问名名：“我家有比你小一岁的弟弟，我很希望弟弟向你学习，可不可以？”他爽快地答应：“当然可以了！”

没多久，河南省少先队代表大会即将举办，组委会邀请我带着我的小主持人一起上场。这是全省优秀少先队代表欢聚一堂的公益专场，我觉得应该有优秀的新时代好少年和我一起主持。我给名名爸爸打电话，邀请孩子来郑州和我主持。后来这个孩子真的和我一起克服了临场换词、稿子不熟、休息不够、台词难背等重重困难，主持了一场精彩的“少代会”文艺联欢。

那年暑假一开始，我带牛仔去洛阳市栾川县避暑，名名爸爸妈妈在微信朋友圈里看到我们晒出的旅游照片后，盛情邀请我们在栾川玩够以后，一定要顺道去洛阳玩一天，以尽地主之谊。盛情难却，我和牛仔表示叨扰和感谢后，名名爸爸带着我们参观了龙马负图寺。

我也常去洛阳旅游，但是龙马负图寺并不是著名景点，所以一直无缘得见。哪想到，我们去罢方知它有多重要，因为龙马负图寺是河洛文化中“河图”的出现地，也是中华易学的发源地，距今已有 1600 年的历史，对整个华夏文化有着重要影响。

在名名爸爸的带领下，我们第二站来到了洛阳市博物馆，请名名给我们当义务讲解员。直到那时，我才知道名名平时就在洛阳博物馆当小小文博志愿者。看着孩子认真从容地给我们讲解每一件文物时，我看见牛仔在认真倾听、仔细观察的同时流露出羡慕的表情。

有些家长选择带孩子的消遣方式是远人文而近浮华的，类似逛博物馆、艺术馆之类的行动并不多。可是培根恰恰说过：“读史使人明智，读诗使人聪慧。”在我看来，每到一个地方，多逛博物馆能让孩子拓展视野，对历史、地理、文化有耳闻目睹的了解和感悟，并且兴趣渐长。

无数次号召复兴优秀传统文化，根基何来？首先让孩子在浩瀚的历史长河扎个猛子吧，他一定会爱上璀璨多姿的五千年悠长脉络。

经过两家细致磋商，趁着暑假，名名到郑州主持团省委豫哈少年千人联欢的时候，恰恰就住在我家大院的后面——紫荆山宾馆，我在台上朗诵，名名和爸爸妈妈在台下观看，亲身体验并充分感受到电视人录制节目的辛苦、台前和幕后工作的不易，以及努力工作带来的成就，一下子在他心中有了感性认识和理性升华。当晚名名在我家和牛仔住了一个晚上。

名名爸爸在跟我们的接触中，有了很多感悟，他说：“陶老师，你们家的人都太‘温和’、太‘正能量’了，男孩子需要一些野性，我特别希望牛仔能够来我们家住几天，让他感受感受我这个特种兵爸爸是怎么带孩子的。你一定放心，我会照顾好他的！”于是我果断决定，临开学的前5天，牛仔如愿以偿住到了名名家。去之前牛仔十分兴奋，自己准备好了全套要用到的东西，不需要妈妈帮忙，独立完成了准备工作。

有幸得到易子而教的机会竟是如此轻松！因为有充分的铺垫，加上两个人一见就互相喜欢，所有担心的事情都没有发生。原本担心牛仔住进名名家会有一些不适应从而出现负气闹事的情况，可是我们送牛仔到洛阳后，返程路上名名爸爸发来图片让我明白自己的担心实在多余。牛仔和名名一家相处得十分愉快，当晚牛仔和名名两个小家伙就开始了真正快乐的暑假之旅。

从名名爸爸妈妈口中知悉，早上起床，两个小男孩相约进行力量锻炼，傍晚的时候，又相约在小区锻炼身体，两个人一个跑步一个骑自行车，接着交换进行。然后由名名爸爸教他们两个擒拿格斗；上午，他们又去上花艺课，牛仔和名名还学习了当下最新的花艺——“空气花”的制作方法。下午，牛仔在名名爸爸的辅导下和名名一起写作业，其效率较之在家高太多了，真让我惊喜连连。要知道一个假期都快过完了，牛仔连两张卷子都没写完，可是就这一晚上，牛仔就完成两大张。尤其让我惊喜的是，牛仔竟然有感而发地把“易子而教”的暑假经历写成了一篇《名仔一家亲》的1300字的作文，要知道，他平时最头疼的就是作文了。

对比名名家长的教养方式，我从中觉察了自己的很多不足。每个家庭都有自己的教育方式，而不同的教育方式能成立必有其长处。就像我并不推崇棍棒式教育，但我也不能否定它在短期内见效之快。很多时候，温暾太过，适时来一剂猛药亦无不可。

我想，可能是因为我这种教育方式和牛仔爸爸那种书生式的教养方式，让牛仔身上缺少了野性，宛若驯化过度的动物，才致使他不自信、多愁善感，所以我在牛仔从洛阳归来以后就增加了牛仔和男性交流的内容。比如和我们电台的老师一起去踢足球，和著名书法家一起学书法，和柒木工房的闫老师学习做木工等。

长期关注牛仔的我终于第一次放手，让他去新的环境中寻找自己的成长方式。我们何尝不知道让孩子独自经受风雨便是最好的成长方式，可是家长们尤其是妈妈们，很难狠下心让孩子受苦。所以易子而教是我迄今为止最大胆的尝试，这并不是模仿电视的“变形计”，而是我经过认真考量、仔细设计、现在看来是非常棒的一次成功尝试。我也期待现在的妈妈们给孩子找一个身边的小榜样，周密策划后做一下尝试。

孟子的弟子公孙丑问孟子曰："君子之不教子，何也？"为什么君子不肯亲自教导自己的孩子呢？是啊，君子具备高尚的德行，难道不是孩子最好的楷模吗？

孟子曰："势不行也。教者必以正，以正不行，继之以怒。继之以怒，则反夷矣。'夫子教我以正，夫子未出于正也。'则是父子相夷也。父子相夷，则恶矣。古者易子而教之，父子之间不责善。责善则离，离则不祥莫大焉。"孟子这样回答：这是因为实际情况不允许啊。大凡一个执教的人，必是以正道教导受教的人。如果做父亲的如此教导孩子，孩子却不能接受，父亲必然会很生气。一生气，就可能伤害到孩子的感情。另外，如果孩子反诘父亲的言行并不都是依循正道，这岂不又伤害了父亲？如此一来，父子间就等于相互伤害彼此的感情了。所以，古时的人都把自己的孩子送给别人来教导，这就是所谓的"易子而教"的道理啊。

那些家中有一个非父母的严厉长辈的人，一定对以上这段话深有感触。很多时候，孩子并不能接受父母的严厉，心中想着："我们是一家人啊，为什么不能多包容我一下呢？"可是孩子们明白，其他严厉的长辈没有义务非得对他们好，很多父母好说歹说劝不住的行为，严厉长辈一出面，孩子立马服服帖帖，这既是威信，又是亲疏远近使然。

古人易子而教的现象很普遍。比如宋朝著名的大哲学家朱熹，就把自己的孩子交给了另外一个大哲学家去教育。

这三张照片是牛仔和名名一起参加朗诵比赛拍的。比赛的时候，我正在出差，名名爸爸从洛阳赶来，专程带俩孩子参加比赛。这一次，牛仔得了金奖。

这两张照片是我和牛仔、名名在洛阳拍的。我特别感谢名名爸爸，他易子而教的方法让我深刻反思了自己家庭教育理念中的盲区。

易子而教在当今仍然有现实意义。在物质条件日渐丰富的年代，人们的感情诉求往往充盈乃至泛滥。现实条件下，我们缺少感情宣泄的端口，就容易把过多的爱灌注到孩子身上。

很多家长对此深有体会，即便深谙溺爱有害的道理，但内心的天平仍不自觉地向孩子倾斜。这也导致孩子养成受不得挫折的性格，认为自己是父母的宝贝疙瘩恃宠而骄，一来二去，教育的效果很差。

那为什么孩子一般都是最听老师的话，而不是父母的话呢?

首先，我们要分清，同样是教育，父母是亲爱的人，老师是敬爱的人。同样的爱，施加给老师时，要经过一层尊敬的过滤网。在至亲面前，我们可以随意，但是面对老师，我们不得造次。老师在对待学生时，赏罚分明;家长在处罚孩子时，容易“从轻量刑”。

其次，老师在教授课程时表现出的博学，容易让孩子心生崇拜，这是对知识的敬畏。

有些家长可能会问：“你把老师吹得这么神乎其神，那岂不是送到学校给老师管就够了?为什么还要易子而教呢?”道理很简单，人力有穷尽。一个老师要面对班里几十个孩子，除了教学任务，还要培养孩子的品德，很难照顾到每个孩子的方方面面。

现在的学校教育始终是重才学、轻德行，所谓教书育人，育人倒是落了下乘。而易子而教能很好地弥补品德教育方面的缺漏，做到真正的素质教育。谁不希望自己的孩子做个德才兼备的大写的人呢？所以，不妨试试易子而教吧。

【真麻麻有话说】

易子而教是可行的，但以下几种家庭不宜与之进行易子而教。

一是不和睦的家庭，夫妻之间感情不和，各家庭成员之间关系不融洽，不要与之易子而教。

二是家庭环境不安全的，包括家庭内部成员关系复杂，有暴力行为、不良嗜好等，外部环境存在危险因素的也不要与之易子而教。

三是家庭成员素质过低，道德修养不好，甚至有违法犯罪倾向的不能与之易子而教。

易子而教的目的就是要让孩子接受更多形式的教育机会与方式，更全面地促进孩子的成长，因此，易子而教除了要有一定的开始仪式外，结束后更要及时地进行总结，让孩子和父母都能从中获益。

黄色糖豆：《你的家我的家》

〔日〕加古里子 / 著

内容简介

用通俗易懂的语言向孩子们介绍了家是怎么来的，房子是怎么建造的。这本书以一个男孩、一个女孩和一只小狗为主角，以他们的生活为线索，一步步地向小朋友们展示家的构成。

真麻麻点评

看似简洁的图画中，却有许多的亮点：比如主人公遇到困难时的表情，然后房子有新功能后满足了主人公的需求时，人物、动物的那些表情变化；比如一些看似无关紧要的生活场景，却是为房子产生下一个新功能埋下了伏笔；还有那些动物配角的表情、动作都与每页故事、每次房子新结构的修建有紧密联系；书的最末，房子里的人越来越多时，屋顶上那个鸟家庭里也添加了新成员——两只小鸟宝宝。

红色糖豆：《我想有个家》

〔英〕罗伦 · 乔尔德 / 著、绘

内容简介

每当夜幕降临时，有一只街鼠蜷缩在四周冰冷坚硬的垃圾箱里，冲着路边那些透着温暖灯光的窗户发呆。它憧憬着有一天，那些亮着灯的屋子里也能有一个让它歇息的角落，一个真正属于自己的家，一个疼爱它的主人。

真麻麻点评

这是一个关于流浪老鼠寻找属于自己梦中家园的动人童话。很多孩子离开家后也许才知道家有多重要、多美好。

咱的孩子不能“熊”

我曾看见一则新闻：两个小男孩赤着脚在地铁车厢里玩起杂耍来，他们的妈妈正坐在旁边位置上拿着手机在拍照，丝毫没有制止的意思，而那节地铁车厢的乘客被俩“熊孩子”吓坏，纷纷躲开，最后整节车厢几乎都空了。其实大多数人对“熊孩子”唯恐避之不及，但很少有人站出来制止，因为那样难免会与孩子的家长发生摩擦。

在媒体和公众视野里，“熊孩子”在我们的心中就是那些无法无天、没有规矩的孩子。“熊孩子”之间的打打闹闹永不停息，平白无故给其他人带来了很多困扰。“熊孩子”跟家长在一起的时候，也总是不能够认真地听家长说话，总是要犟嘴。养育出这样的“熊孩子”，往往是原生家庭出了问题。我们首先要考虑他的家庭，他的背后是谁在教养，他的第一教养人是什么样的性格。不讲礼貌的孩子不是天生的，他们的行为在很大程度上是日常生活中家庭和社会的影响造成的。

“熊孩子”实质上就是规则意识不符合大众标准的孩子。并不是所有的孩子都是“熊孩子”，但是每个孩子都有“熊”的一面。我的儿子牛仔外表看起来乖巧，但是他也有“熊”的时候。

牛仔小的时候，我就经常跟别人说他是金牛座，而且恰巧还属牛，所以未来可能会比较犟。这一下子就让周围的许多人注意到了牛仔格外固执的地方。牛仔他爸尤其爱评价牛仔是个“犟头”。孩子每次听到这个词简直烦死了，直接顶嘴说：“那我就是个‘犟头’怎么了？反正我就是个犟头，怎么了？”

但现在想起来，我和他爸太不应该了。虽然孩子犟，但做父母的最忌讳的就是给孩子贴负面标签了，这个标签一旦贴上，就不容易撕下来，孩子心里也会默默地对这个标签产生认同，越来越往坏的地方发展。

虽然牛仔有时候会释放天性，比较调皮，但在大多数情况下他还是非常讲礼貌的。我在他很小的时候就开始有意识地教给他礼仪知识，并且让他系统学习国学，所以各种场合的礼貌规范他都能够注意到。牛仔从来不会在公共场合大吵大闹，更不会因为妈妈不给买玩具就在商场柜台前就地撒泼。他懂得为自己的所作所为负责，选择这个年纪应该做的事情。虽然他在很多事情上规规矩矩，不越雷池一步，但在学习和玩这两件事情上就不一样了。

牛仔在学习和玩这两件事情上会跟我无休无止地讨价还价，总想多玩一会儿。他还经常“丢”东西。有时候，你问他考试的卷子去哪儿了？他说找不到了。你接着问他作业本去哪儿了？他又说找不到了。但哪里是不见了，根本就是他自己偷偷给藏起来了。总之，这个孩子可以为了逃避写作业用尽各种手段和方法跟我装傻充愣。从藏卷子、藏本子，到放学回家说自己的作业在学校里写完了，他总有理由给自己腾出时间跑出去玩。有时他胡乱地写完了作业，一检查就漏洞百出。他在学校里随手写完的作业一点儿质量都没有，全是乱涂乱画，纯属凑数。用了那么多的小心思，他挤出时间就是为了下楼跟小朋友炫耀车技、看英文原版大片，看片可不是为了学英语，而是为了眼瞅着热闹。

你批评他的时候，他还总跟你犟；你有多厉害，他就要比你更厉害；

你冲他瞪眼睛，结果他的眼睛瞪得比你还要大。

除此之外，他还有事没事特别喜欢讲些乱七八糟的话。越是有外人的场合，他越是喜欢跟人告状。比如说什么我对他要求很严格总是让他写作业之类的，把我包装成一个非常严厉的母亲，让我在外人面前很难堪。其他人听了这番言论总会认为孩子是弱势群体，为牛仔叫屈，跑过来劝我们家长不要对孩子太严厉，每到这个时候，我都觉得自己比窦娥还要冤上几分。不仅是我，他爸爸也不能幸免，和他爸爸的朋友吃饭的时候，他又开始了："哎呀！我爸爸这个人脾气太大了，总是让我写作业，烦死了。"

后来，这种"熊孩子"打小报告的行为渐渐发展成了在我跟前说爸爸的坏话，在爸爸跟前说我的坏话，我心想这个孩子怎么变成了爱告状的"双面小特务"了？ 尤其是孩子每天回来以后，说得最多的就是谁谁又打了他，谁谁又动了他的东西，满嘴都是控诉的语言。

我心里奇怪，便跟他说："他打你，那你为什么还总找这些在班上表现不好的孩子玩？"他就说："我不能找学习好的同学玩啊！因为他们不让我找学习好的同学玩。"我心说："怎么可能？这孩子说的都是什么乱七八糟的东西？"

那段时间，我越来越觉得自己的孩子一点儿都不讨人喜欢，不明事理，让人操心。这还是我心中那个乖孩子吗？但我明白孩子任何改变一定都是由更深层次的原因引起的，牛仔变得那么"熊"，一定是生活和学习上出了问题。为了改变这个现象，我跟他进行了深入谈话。

通过和孩子的沟通，我了解到他每次面对功课的时候，总觉得作业排山倒海一样涌来，压得他喘不过气。越长大作业越多，能玩的时间也越少，这让他本能地产生了抗拒的心理，想要逃避这种处境。除了这个之外，他还感觉到跟爸爸和妈妈在一起的时候，爸爸和妈妈好像更在意的是他的功课，一点儿都不关心他每天过得开不开心。爸爸妈妈回到家的第一件事情就是叫他去做作业，每天关心的也只是作业做完了没有。费了那么大的劲从牛仔的嘴里得到了他内心的想法，我觉得惭愧极了。也许我们认为在他面前谈学习是出于对他的关心，害怕他被功课的压力压倒，但是事实上，正是我们这个过度的叮嘱才是压倒他的最后一根稻草。我们对学习的关注让他感觉到了孤独，所以他才喜欢和同学们在一起玩，没事跟爸爸妈妈的朋友们告状。这一切都是他缺乏安全感的表现，因为害怕孤独，所以更喜欢在群体中得到认可。

家长们不能总是觉得因为孩子不听话所以成为“熊孩子”，而是要更多地从孩子的视角想问题。我一直都相信，每个“熊孩子”都有一个“熊家长”，孩子闹腾，父母的原因至少要占一半。“熊孩子”不听家长的话，可能是因为家长在叙述某些事情的时候，一致的表情、声音还有论调让孩子感觉厌烦。在孩子看来，家长的责骂和抱怨就像源源不绝的咏叹调一样，让人无奈。如果你真正想和“熊孩子”沟通，就要试着让他去叙述，说出他的逻辑来，从孩子的话语中解析他们心情的密码。

比方说当孩子总是用“反正”这样的词语跟你犟嘴的时候，“反正”就是一个倔强的信号，反正我说了你又不信，那我还不如不说；反正我写完作业了，不管你们怎样想，我都要出去玩；反正我已经超出底线了，你们又不能拿我怎么样。

“熊孩子”每一个举动和每一句话的背后，都暗藏着孩子的想法。要想让“熊孩子”乖乖听话，就要学会倾听，学会理解，学会沟通，学会让孩子不再“熊”。

中国古语讲："养不教，父之过。"儿童在成长过程中，父母教育和家庭熏陶是重中之重，面对一不小心闯出大祸的"熊孩子"，我们更该反思父母平日教育的漏洞和家庭氛围的错误引导。

在学前儿童身上，我们经常可以看到幼儿的过激行为，如打人、骂人、用东西砸人、毁坏别人的物品等。对孩子这种行为若不及时加以纠正和制止，任其发展，等孩子长大后，就容易成为一个骄横无礼、脾气暴躁、冷酷无情的人，严重的还会出现反社会行为，对孩子本人、家庭及社会都极为有害。但很多家长对孩子的这种行为束手无策，不知道产生的原因是什么，往往使用责备、打骂来教育孩子，结果却常常适得其反。

儿童过激行为的背后，不仅是源于家长教育的缺失，更是缺乏基本的边界观念。什么样的人最受大家的欢迎呢？自然是那些待人亲近，能够处理好人与人之间的关系和界限的人。这种人是真正的人际高手，懂得坚守自己的边界，尊重他人的边界，同时和亲密的人寻找到让彼此舒服的距离。

"熊孩子"在公共场合让人感到讨厌，在家庭关系中让人感到厌恶，最重要的原因是他丝毫不顾及场合，自以为所有人都会对他的行为采取包容的态度，因而在社交场合做出不合规范的举动。成年人和孩子的不同就在于他们对于公共场合有一个明确的认识。成年人懂得在公共场合找到一个合适位置，确定彼此的边界。他们心知，只有合适的尺度才是人与人相处的最佳方式。与之相反，“熊孩子”反而像一只肆无忌惮张开怀抱的刺猬一样，总是在有意无意中伤害别人。

要想孩子不“熊”，做家长的就要教会孩子寻找到自己与亲人和他人之间的“最佳尺度”。

让孩子受益终生的7个规矩

不伤害自己

不伤害自己的准则就是不进行自我伤害和注意保护自己的安全。一些孩子总喜欢用种种危险的举动来吸引家长的注意力，获得一种短暂的安全感，但这种安全感恰恰是最不安全的，既会让家长担心，又会对自己的身体造成损害。给孩子立规矩，应该教育他从爱自己开始。

做错了就要接受惩罚

总觉得“孩子还小”处处让着他，就算孩子犯错也选择原谅。这样的处理方法只会让孩子产生一种“做错事也没什么大不了的，反正爸爸妈妈都会原谅我”的观点。如果没有警醒，那么犯错便全无意义。孩子没有责任感，没有约束力，难免会为所欲为，犯下更严重的错误。

惩罚不一定要有多重，但是一定要让孩子明白错误的严重性。这种惩罚可以是道歉，也可以是其他，但关键是要具体，有可操作性。

待人礼貌，不给别人添麻烦

做客的时候不许没规矩、见到主人先打招呼、不乱动别人家的东西、不在餐厅追逐打闹、不大声喧哗等，这些都是礼貌教育的一部分。我们要尊重孩子探索世界的好奇心和这个年龄段爱玩爱闹的特点，也要教会孩子尊重他人的感受，尊重他人的劳动成果，尊重约定俗成的礼仪。可以跟孩子订立规矩，告诉孩子在这些场所，我们要保证不影响他人。

自己的事情自己完成

对每一个孩子来讲，吃饭、穿衣、整理被褥、洗脸刷牙、整理书包和文具等都应是自己完成的事情。可有的家长则认为这些生活琐事随手就可以替孩子做了，即使现在孩子不会，长大自然也就会了，无须要求孩子。有的家长则认为让孩子做太劳神，弄得不好，又得自己重新做，还不如替他做来得省心、省事。

孩子虽小，但总有一天要走向社会，参加各种社会活动，这不仅需要他们掌握一定的科学文化知识，还需他们具备较强的独立生活能力，处理人际关系的能力等。

万事先商量

在和孩子相处的过程中，最忌讳的就是不顾孩子的意见搞“一言堂”。“你听我的！我说了算！”不要以为孩子小，什么都不懂。你讲的道理也许他一时不能够完全领会，但是你平和的语气和尊重他的态度，却会让他信任你的判断，顺从你的要求。

规矩面前，人人平等

规矩是什么？规矩就是人人都必须遵守的准则，规则的制定者也必须以身作则。成年人的榜样力量是无穷的，如果你自己都不遵守规矩，那么又怎么能强行规定孩子必须遵守呢？说好孩子做完了作业才能玩手机，那家长首先自己也应该做到在孩子做作业的时候不能玩手机、打游戏。违背了规矩，大人也要受罚。家长如果利用大人的特权逃脱处罚，在孩子心中的威信也会降低。

既然有了规矩，那么就要按照规矩执行，最要不得的就是朝令夕改，由着自己的性子来管教孩子。心情好的时候对孩子不守规矩的行为熟视无睹，心情不好的时候就逮着一个小错误不肯放手，永远不要以为只有成年人才知道钻空子。

严于律己，宽以待人

对自己品行严格、宽容待人的人往往会带给人一种如沐春风的感觉。这样的人语言得体、动作从容，往往是一个群体中最受欢迎的人。教会孩子不断审视自身的问题，看看一段时间内自己每天的计划执行情况、反思一下近来对家人、同学的态度如何，这样的孩子大家才喜欢。

黄色糖豆：《图书馆狮子》

〔美〕米歇尔·努森 / 著 〔美〕凯文·霍克斯 / 绘

内容简介

守规矩的狮子跑进了图书馆，孩子们都将他当成了图书馆里舒服的靠垫。当有一天安静的狮子不再遵守规矩，那又会发生什么呢？

真麻麻点评

家长可以通过《图书馆狮子》里在公共场合大声喧哗的狮子的后果来警示孩子，对他们进行公德教育。

红色糖豆：《大卫上学去》

〔美〕大卫·香农 / 著、绘

内容简介

《大卫上学去》是一本非常有意思的绘本，调皮的大卫上学了，学校有学校的规矩，如果小朋友不讲规矩，就可能给自己和别人带来麻烦。为了保证正常的教学和生活秩序，大卫不得不学习遵守校园的准则。

真麻麻点评

诙谐幽默的图文中，孩子可以在潜移默化中接受遵守课堂纪律、不能打架、爱护公物等规矩。

蓝色糖豆 ：《小一步，晚安！》

〔日〕丰田一彦 / 著、绘

内容简介

该睡觉了，可是小猫咪和小乌鸦都睡不着。对了，有办法了！去和朋友们一起睡才能睡得香！小一步也睡不着，手里抱着最喜欢的企鹅枕头，还是睡不着。对了，有办法了！他想到什么办法了呢？原来是熟悉的妈妈的味道帮了忙。

真麻麻点评

小一点儿的孩子看这部作品也能够清楚从小事做起的道理。

认最美中国字有好办法

从上小学一年级开始，语文就成了牛仔的噩梦，因为在他上学前，我这个妈妈本着学前绝不提前学小学内容这一理念，根本没有教他认字。

现在很多幼儿园让孩子提前学习小学知识，包括识字、拼音、数学运算等，甚至有的幼儿园早早地就将外语的学习都搬了上来，想让孩子一开始就站在起跑线上。

我一向很不赞成这种做法，三四岁的孩子走路还摇摇晃晃，大脑都没发育好，又怎能强迫他们坐在椅子上学习各种本该大些再接受的知识？每个孩子都有自己的成长方式，少数天资聪慧、理解能力强的孩子适应能力可能稍强，但大部分的孩子在这种强压下学习其实都不利于成长。处于幼儿期的孩子，正是培育他们多方面感知和想象力的时期，过早把他们丢进应试教育体系中培养，无异于揠苗助长。

本着这样的想法，我在教育牛仔的过程中，从一开始就没准备给牛仔的童年增加过多学习负担。别人家的孩子从上幼儿园开始就参加各种提高班，同时还不忘艺术培训，绘画、舞蹈、钢琴样样不落，孩子们背着个小书包被家长带着在各个培训班之间来回跑。反观牛仔，则完全处于放养状态，所以等到他上了小学，语文的难关就出现了。

牛仔语文学习的第一个难关是写他自己的名字。牛仔的大名叫冯熙峻，对于那个时候的他来说，这个名字实在是太复杂、太难写了。老师跟我反映，她上课的时候叫每个同学写两页自己的名字作为作业，按理来说，这本来是件特简单的事情，别的孩子三下两下就写完交上去了，他硬是要拖到最后一个。没写完的同学不准做课间操，等他写完了，别人两节课间操都做完了。

听了老师的话，我起初还只以为他不想做操所以故意在作业上磨蹭。完全没有料到的是，他写得很慢的原因是能力不足。

牛仔因为害怕写字出错，所以他下笔往往特别重，又因为注意力差的缘故，别的孩子按照笔画顺序来记忆一个字，他则是按照大体的视觉印象，这样一来，练字的时候往往是写着写着就忘记怎么写了。

牛仔刚上小学的时候，总是分不清楚汉语拼音的“b”和“p”、“d”和“q”的区别。在他的小脑袋里，这4个字母就好像一根油条贴着一个鸡蛋，他老是分不清楚这根油条“l”放在不同位置有什么区别。我在教牛仔学语文的初期，也着实走了不少弯路。开始的时候，我带着他画思维导图，亲自用各种动作跟他打比方，“d”是大肚子的孕妇，“p”汽车停止的意思，试着将拼音形象化。一番折腾后，我觉得已经讲得够清楚了，但看他的表情还是一脸茫然。

其实仔细观察一下就不难发现，这些易混淆的笔画和字母是存在“镜像关系”的。对于成人来说，区分它们当然不存在任何难度，但是对幼儿而言，要准确地进行识别也绝非易事。其中一种说法是，在儿童真正开始阅读之前，准确辨别出这些“莫名其妙”的差异似乎对他们而言实用价值不大，但随着儿童认知能力和阅读经验的增长，即便没有成人的教导，儿童最终也是会识别出差异的。

在孩子学习书写技能的过程中，我们往往倾向于站在自己的角度要求孩子，忽视了孩子客观的生理和认知发展特点。其实许多问题的解决方法很简单，那就是时间。家长总是抱着“赶早不赶晚”的心态，但不了解脑科学。

人的大脑从出生之后就开始急速发育，但是脑前额叶到了 2 ~ 3 岁时才正式开始发育，一直持续到 6 岁达到高峰，6 岁后发育就会趋缓。在这 3 ~ 6 岁的急速发展时期，对脑前额叶的正确训练，对于孩子以后的成长和人格健全来说是一件极其重要的事情。记忆、判断、分析、思考、操作是大脑前额叶控制下表现出来的 5 项基本能力。在儿童 3 ~ 6 岁期间，通过对记忆、判断、分析、思考、操作能力的锻炼能有效开发脑前额叶。7 岁之前小孩子的理解力跟他大脑前额叶发育有极大关联，这个推测已经得到科学证明。

语文的学习总是少不了经典文学作品的背诵，这对他来说，简直比登天还难，怎么都背不下来。我一直都觉得，背诵科目学习困难无非就是下的功夫不够，所以我先读给他听，然后再让他自己将文章过一遍，最后通过放录音的方式巩固记忆。但牛仔对这个方式非常抵触，效果也不好。我每次带着他背到半夜，好不容易记下大半，到了第二天检查的时候他照样是该忘就忘掉了。

我一时没了主意，只能将问题分解，然后逐一击破，这样虽说时间成本较高，但也能打牢基础，为后续的学习做好铺垫。

第二个难关就是熟记生字。过去让牛仔练习生字，效果总不甚理想。学校留的生字作业不多，我额外给他布置又写得太慢。于是，我借用英语学习的方法，买来了许多颜色各异的即时贴，用毛笔将牛仔不熟悉的字都写了上去。在即时贴上，我还特意给某些字留下汉语拼音，让他自己标注，用这种方式不断重复拼音练习。

考虑到牛仔喜欢用游戏的方式记忆，我便陪着他一起玩扔字游戏。随便抓上一把写了字的即时贴往头顶扔，捡到的按数量奖励积分，捡到即时贴需要将上面的生字大声读出来，读错就没有积分。游戏的方法不仅寓教于乐，连我自己也觉得在玩闹的过程中减压不少。

当我兴致勃勃地把自己的方法介绍给其他家长时，有人说我这个方法见效太慢，其实就是哄孩子，他们说："你的方法在孩子还小的时候有效，但总不能一直哄下去吧。"但我觉得，最重要的是要教会孩子快乐学习的方法。如果孩子在小时候就理解了如何将学习变得更有趣，他在以后也一定能学会高效学习。但孩子的"识字关"并不是那么容易就能过去的，为了更好地教育牛仔，我特意去学习了幼儿的学习理论。

通过学习我了解到，对于孩子来说，任何语言词汇都是全新的。外界给孩子灌输什么，孩子就会学习什么。有的家长在教孩子说话时，生怕他们听不进去，刻意将书面语转换成通俗口语，但这样其实是没有必要的。一个从小说普通话的孩子突然要求他说英语当然很难，但如果刚开始学说话的时候就教他英语，即使他是非英语母语者，模仿过后也能跟英语母语者一样说得流畅。所以，家长们千万不要担心如何去讲。印在课本上的铅字是古板的，但是到了生活中文字就"活"了过来。

每逢带牛仔出门，都是一个扩展识字量的好机会。到了商场，我经常会突如其来地考一下牛仔的语文功底。"呀！前面那个字是什么意思啊？妈妈一下子忘记了。牛仔，你帮妈妈解决一个问题吧？"一般来说，这种情况下，孩子听到了来自长辈的主动恳求，是很容易产生满足感和表达欲望的。慢慢地，这变成了我们母子之间一种独特的交流密码。我俩出门逛街的时候，我随手一指，他就能在很短的时间内将我指的东西说出来，并阐发出自己的理解。

有一段时期，牛仔看见字就想读出来。每次我带他坐车，他都会伸着脖子一路不停地读马路两边的店铺名和广告牌，遇到不认识的字就主动问我，我也总会兴致勃勃陪他一起读。遇到一些很有趣的店名，我们两个还会相互讨论。孩子踊跃，我也乐见其成。那些原本艰涩的生词，在生活中一下子就活了下来。牛仔的“牛”可以是“花花牛”，一会儿又藏进了街头的“兰州牛肉拉面”，再过一会儿又变成了超市冷柜里的“牛排”。学习字词最重要的就是掌握用法，然后用于日常生活，这种方式能在学的阶段就用起来。

很多老师给孩子布置的课外作业，基本上也就是抄写生词，每个字动辄写上十遍二十遍，孤立机械化地去认、去写，孩子就如同耕田的小牛一样，将一根根细长的铅笔在纸面上磨短用完，最后只能掌握很少的知识。

我一直觉得，这样认字不仅效率不高而且容易忘记。我更倾向于让家长们带着孩子到大街上去，寻找生活中那些词语的用法。有了这样巧妙的方法，就不必做移山的“愚公”了，精神可嘉但方法实在欠妥。带孩子认字，就如同在荒地上开垦农田，掌握了高频词就是垒好了田埂，之后的学习都能在框架中有迹可循。

我经常碰见很多家长在教孩子认字和背单词时制作一大堆词语卡片，或是在家里的墙壁上贴各种各样的图表，指着这些图片上的单词教孩子单调无趣地重复。孤立的字词并不能组成表达思想的句子，所以很多孩子将课本上的字词都背得滚瓜烂熟，但是一阅读文章就完全无法理解通透，这就是缺乏字词用法训练的结果。教过孩子背单词的家长都能明白，如果只是孤立地叫孩子背单词，他当晚背，第二天早晨就忘了，有可能你抓着孩子背了一个钟头的单词，最后能在他脑海中留下印象的可能还没半集动画片多，与其一遍遍对着空气教他背“apple”，不如把苹果摆在他面前告诉他这个就是“apple”。

美国教育心理学家奥苏贝尔提出了一个很著名的概念叫作“有意义学习”。这个概念和一般的“机械学习”相对立，和人认知结构中的任何已有观念没有建立起任何实质性联系的学习就是机械学习，简而言之，“机械学习”就是孤立地汲取信息，而没有认真地将眼前的知识和所学一起理解。所以任何语言的学习，都必须深入具体的语境当中。卢梭在《爱弥儿》中写道：“人们在煞费苦心地寻找读书写字的最好方法，有些人发明了单字拼读和字卡，而有的人把一个孩子的房间变成了印刷厂。真是可怜！”

牛仔不是那种一上学就能认识几千个字的“神童”，他能在那么短的时间内语言能力获得极大提升，还是得益于有规划的教育，这是家长有意无意间施行一种正确教育方法收获的成果。

我一直都觉得语文学习其实是一件自然而然的事情，由于我自己从事语言艺术相关的职业，所以在对牛仔语文能力的培养上，也花费心思摸索了一套自己的方案。

我认为，语言科目的学习必须坚持反复记忆。这种方法的原则就是不管懂不懂、会不会，先把需要学习的部分从头到尾扫查一遍。语文学习涉及语言学习的方方面面，知识点多且杂，想要只学习一遍就完全掌握是不可能的。在这种情况下，就需要我们带领孩子在课后对不熟悉的地方做好标记，一遍不理解，十遍就会产生独特的思考。

文字是一种表意符号，汉字更是如此。当牛仔学习〝中国〞这个词的时候，为了方便他理解，我给他买了一张中国地图，教他用双手丈量祖国，再给他讲边防线和领土的意义。

比如在学习历史了解秦始皇时，我就尝试模拟作者的感受，从各方面来进行分析。分析作者要表达的中心思想和基本层次，了解写作的顺序是按照人物的内心感受还是从历史事件的发展脉络开始的。吸收一些经典的词语和句子以便用于今后自己的写作表达中。我告诉牛仔，文字只是符号，并非知识，真正的知识潜藏在文字符号背后的思考和感悟中，通过充分的联想，将文字语言放到脑海中，运用到口语和文字写作当中，才能变成自己的知识。只有理解了这一步，语言的学习才算掌握了窍门。

如果只是单纯地背诵课文，那肯定是学不好语文的。影视作品里面经常出现那种单手持书、朗诵起来摇头晃脑的“书呆子”，讽刺的就是那些只注重形式而没有“真知”的人。每天晚上我都带着牛仔预习第二天语文课上要学的内容，先带着他一个字一个字地读，然后教他把生字全部圈出来，涂上不同的颜色，再标注上汉语拼音。为了方便理解，我还带他查找课外资料，拓展孩子的眼界。第二天语文课上要学习李白的古诗，我就给他讲李白的生平、经历和作品，从他十几岁仗剑出游一直讲到被流放夜郎郁郁而终。牛仔听得非常高兴，甚至暗暗将这个 1000 多年前的浪漫诗人当成自己的偶像。

学到《朱德的扁担》这篇课文，我带着牛仔上网查到朱德的照片，让他更直观地感受到老一辈党和国家领导人的形象。

其他学科也可以用到这些方法。当牛仔学习《让我们荡起双桨》这首歌的时候，我特意将这首歌放给他听，还带着他一起唱。为了让他有一个感性的认识，我后来还带着他去看了北京北海公园的红墙。文字是印在纸上的，但是文字所表达的景象却是感性的，通过画面来理解课文，这样不是更容易理解吗？

也许某天牛仔要学习一篇关于火星的课文，即使我不能带他到火星的土地上去看一看，但同样可以以此为契机，带着他浏览各类宇宙太空图片或者视频资料，探秘瑰丽无穷的宇宙。

不过这种学习方法也很麻烦：我俩会把预习这件事延展得特别开阔，这样就特别费时间。但真的很能激发孩子的兴趣，让他就此对地理、物理、历史这些以后要学到的课程充满向往。所以即便现在费点儿时间，那又怕什么呢？

我给牛仔讲故事的方法也很特别。从我第一次为孩子拿起故事书的时候，我就是在“读”而不是“讲”，因为很多家长为了方便孩子理解，经常会把书面语换成口语说出来，而我则完全按照书中的文字读给牛仔听。渐渐地，我带着牛仔读故事的方式也从由我指着一个字一个字地读，变成了他自己指着，我跟着他的节奏来读，他的手指停到哪儿，我的声音便跟到哪儿。这样一来，他便把握了讲故事的节奏。刚开始的时候，是我死皮赖脸地追着他要给他讲故事，后来慢慢变成了他主动拿起故事书跑到我的床前，追着黏着要我给他讲故事。

我记得有一段时间工作特别忙，给他讲故事的时间也变少了，好几次他拿着故事书跑到我跟前，我都用没时间这样的理由拒绝了他，这让我对孩子感到非常抱歉。但是等我忙完了手头上的事情，准备拿着故事书给他讲故事的时候，才发现他已经自己拿着故事书津津有味地读了起来。到现在，牛仔已经成了班里著名的“小百科”，因为读的书多，理解力好，其他各门的功课也差不到哪儿去。我也一直坚信，书读百遍，其义自见，爱读书的孩子最幸福。

为了让他记住一篇课文，我还特意通过手机在红豆直播上开了一场网络直播。我在朋友圈里面发布公告，请大家来帮助我俩读课文。当天我玩了把标题党，朋友圈文字的题目是——“受不了了：这孩子就是背不会课文咋办？”结果一下子直播间里涌进了一两千人，关注量非常高，全是带着孩子来听我是怎么教孩子背课文的。说真的，压力很大呀！谁知爱表现的牛仔在这堂课上积极向我发问，我也就一一回答。很显然，学习效果非常好，一下子就记住了那篇课文，这些可增添了儿子学习中面对挫折的勇气和积极向上的志气。

在我看来，只要是能对孩子有用的方法，别管是不是麻烦，大胆尝试就对了。通过我们之间的默契配合，牛仔从一个"文盲"变成了一个"小知识分子"，他的识字量和阅读水平的急速增长，正是这种大胆尝试的最佳证明。

事物发展的前途是光明的，但道路是曲折的。孩子终究是要作为独立的个体在社会摸爬滚打，与人交流，和人交际。虽然这一路成长的过程充满艰辛苦楚，但经历过就是幸福。换一种方式，尝试不一样的方法，过一段日子再回过头来看看，你会感激改变。

红色糖豆：《有故事的汉字》

〔中国台湾〕邱昭瑜 / 著

内容简介

汉字是中国文化的根，具有丰富的人文内涵。汉字之美，美在形体，美在其婉转曲折的笔画。邱昭瑜编著的《有故事的汉字》是一套帮助儿童认识汉字、学习汉字的优秀读物。

真麻麻点评

《有故事的汉字》通过讲述汉字背后的故事，引领你探寻汉字的起源，了解汉字的演变，让你彻底弄清汉字的前世今生，轻轻松松学好汉字。

绿色糖豆：《三十六个字》

阿达 / 著、绘

内容简介

绘本借用 36 个象形文字，讲述了一个有趣的故事：红“日”蓝天，远“山”近“水”，“鸟”在飞翔，“象”在吸水，“森”“林”“草”地，一片翠绿。“夫”骑着“马”儿，穿“竹”林，过“田”野……用象形文字的形式介绍汉字是如何发展到今天这样的。

真麻麻点评

这本书能够让小朋友像看图画一样一下子记住字的结构，是趣味认字的开始。通过讲解象形文字说明中国文字的起源。

黑色糖豆：《水墨汉字绘本》

保冬妮 / 著　朱莹 / 绘

内容简介

从识图到识字自然过渡，符合 3 ~ 6 岁儿童阅读习惯并能完美展现水墨意蕴。48 幅水墨画，48 个趣味故事，带孩子进入书画同源的汉字绘本世界。

真麻麻点评

这是一本不需要认，只需要看的认字书，好玩、好看、好记。汉字不仅用于书写，也教会你认识人生。这套水墨汉字绘本带孩子认识自然、寻找本真，在欣赏中亲近母语。

这是孩子 2015 年第一次拍摄电视片时趁休息在草坪上玩飞机的留影，这个片子是他跟我一起参演的，他只是片中的一个配角。

我让他自己挑选喜欢的水杯，为了得到这个杯子，我有意识地让他通过运动记录来换。可能因为来之不易，他很珍惜，无论走到哪儿都带着这个〝自己的选择〞，慢慢地，主动喝水不再是难事。

听到别人夸他『你长得好帅』时，他都会严肃地告诉对方：『我帅是我妈妈的功劳，我努力才是我自己的成绩。』这是我教给他的。因为我担心从小被人夸帅，会让他变得浮躁。对于一个男孩子来说，努力比帅更重要。

看偏科妈妈如何教孩子学好数学

很多家长感慨根本教不了孩子的数学，我也感同身受。现在的 80 后、90 后家长，学历较之以前的家长提高了不少，要说奥数教不了还可以理解，可要说连小学的数学都教不了，那可真是贻笑大方了。可据我调查，很多家长都不爱辅导孩子数学。

一般的小学数学内容重在基础，家长都能轻松驾驭。但是知道答案并不代表能教孩子，更不意味着每个家长都能成为孩子合格的“家庭教师”。数学学习和语文学习有很大的差别。语文和我们的生活联系相对紧密一些，从说话到看电视，都需要用到口语和语言文字，学习的过程是具体形象的。而数学是一门抽象的学科，考验的是理性的逻辑思维能力，这种抽象的思维是孩子在生活中不易感知的。如何对孩子进行数学的抽象思维启蒙，是一件非常重要的事情，光是用枯燥的计算来训练孩子，只会将孩子与抽象的数字越拉越远。在孩子还小的时候，他还不能分清现实与想象世界的区别，数学教育的实质也是在对孩子进行世界观的启蒙。如何让孩子在生活中感受数字，让他体会到计算不是抽象的东西，而是存在于生活中有用的东西，和我们的日常生活紧密联系着，这是每一个家长在孩子的幼儿时期面临的重大难题。

我从上小学起就一直对数学有种莫名的恐惧感，可能是因为女生更偏向于感性认识，所以我的语文成绩一直很好，但是数学成绩却很差。每次考试，我的语文成绩虽然遥遥领先，但总是要去填数学的“大坑”，两门课的成绩加起来只能在班级里维持一个中等的水平，这让我非常沮丧。

在我的印象里，我的小学数学老师是一个非常严厉的人。他上课认真，批评人的时候却毫不留情。所有的老师都有那么一个爱好，那就是在考完试成绩出来之后，拉上那些没考好的学生“说道说道”，给他们做总结。一般那个时候，学生们到老师办公室就是去挨骂的。我就是数学老师办公室的常客。女孩子脸皮薄，总是在大庭广众之下被老师批评，我特别不好意思，再加上每次都是那么几个人进去，导致我后来一看见数学老师的办公室，就有一种拔腿逃跑的冲动。在我的记忆里，有一次挨骂的经历印象特别深刻。

那是我小学五年级那年的正月十五，学校刚开学。按照惯例，各科老师都要将期末的试卷发下来重新讲评，数学老师也不例外。尽管我早已在拿到期末成绩的时候就做好了准备，但是看着面前试卷上那惨不忍睹的分数时，我的心里仍然一阵阵发慌。这该怎么办？数学可是最后一节课，不会又要被留校批评吧，但今天是开学第一天，还是元宵节，兴许就这样让我走也未可知啊。在那漫长的40分钟里，我的内心不知道经历了多少煎熬，究竟老师在讲台上讲了什么，我一点儿印象也没有，整个人就愣愣地看着黑板上方的挂钟，期待能早点儿脱身回家。

我一点儿也不敢看数学老师，心里已经将满天神佛求了个遍，期望数学老师最后能够大发慈悲，放我一条生路，让我赶紧回家。

放学的钟声总算是敲响了，但事实证明人越怕什么就越来什么，我很不幸被选入了“留校六人组”，准备接受数学老师狂风暴雨般的教诲。

也不知道为什么，数学老师在最后念我名字的时候，还有意瞪了我一眼。在办公室里，我的数学老师当着其他5个同学的面用食指点着我的脑门，用掺杂着河南口音的普通话对我说：“恁说，这道题都讲咧多少次咧？哪次我没讲清楚？你咋次次都不长记性咧？至少3次了吧？牛三错先生，牛三错先生，这话可真没错！”数学老师讲这几句话的时候，发音尤其古怪，逗得其他5个人都笑了起来，而我则臊得满脸通红，不知道手脚该往哪儿放合适。

从这一次之后，每逢数学考试，我的心情就会格外紧张，害怕考不好，害怕被骂，再加之原本就不会，所以考场上的我全身都在发抖。有那么几次，我紧张得在考场上直接晕过去了。后来我才知道，这就是考试恐惧症。考试恐惧症伴随着我的学习生涯非常之久，可以说成为我少年时代的梦魇。

因为有自己的前车之鉴，所以我一直对孩子的数学成绩特别关注，生怕牛仔走上我的老路，可谁知道，数学依然成为牛仔要面对的一道大难关。

刚开始上学，数学老师给牛仔布置的作业是每天练一页口算。有些家长特别疑惑，我们为啥要练口算呢？我们将来又不当会计，练口算干吗？除了数量要求，口算的作业还有一分钟要做对多少题的指标。老师下达的命令看似容易，但这对于牛仔来说着实成了不小的挑战。我前面曾经讲过，牛仔原来特别没有时间概念，在他观念中的一分钟特别慢，比别的小孩慢很多，所以他做100道简单的口算题会用半个小时的时间。我每次看见他如同龟速般的进度也十分着急，简单的100以内的运算他能掰着指头思考半天，更让人恼火的是，平常你问他这些数学问题他答出来毫无困难，但只要拿起纸笔到了书桌前就成了另一番景象。真是知道一回事，考试又是另一回事。我心知牛仔智力不差，但是他做卷子的时候，速度总是会比别的同学慢上很多拍。人家 5 分钟就要求写完的运算题，他准要停在那里几十分钟。虽然结果正确，但是效率让人不敢恭维，这样的能力等同于没有能力。

除了感觉孩子喜欢磨蹭之外，我还发现牛仔在数学学习上也遇到了困难，比如运算概念很难理解清楚。以小孩子的经验来说，他们能很容易理解“加”和“减”的概念，却对“乘”和“除”的概念有些摸不着北。在家长的眼中，乘除就是一对很简单的互逆运算，但在孩子的视角俨然成了另一种光景。孩子无法立刻接受大人世界默认的规则，更何况是抽象后的运算法则。

每一次孩子的数学成绩出来后我的心里都很不好受，眼看着自己小学时的噩梦就要延续到孩子身上，我心里焦虑得不行。无奈之下，我这样一个数学“学渣”只好找到了好朋友刘芳教授学习如何指导孩子学数学。刘芳教授的儿子跟牛仔差不多大，开始的时候也和牛仔一样做数学题目特别慢，一点点作业都能拖到深夜。为了解决这样的问题，刘芳教授想出了一个特别有参与感的方法——陪儿子一起做作业。

每天晚上，刘芳教授把儿子接回家之后的第一件事就是先把儿子的作业打印一份，并调好闹钟，把手机设置成静音，两个人关起门来比赛写作业，到最后看看是谁做得快，谁做得好，等到评卷结束后，刘芳教授再次搜集好儿子做错的题，教他再过一遍。

本着拿来主义的想法，我决定先和牛仔试上一试。于是某天放学后我就把牛仔的口算题目拿过来复印一份，两个人也开始有模有样地比赛计时，看看谁做得又快又对。牛仔本身就特别喜欢这类竞技性活动，于是那天写起作业来格外兴奋。通过这样的方法，他在一个月之内有了很大进步，不仅做题的速度有了提升，也慢慢地开始掌握自己独特的运算方法。但让人头疼的是，一旦不和他比赛写作业的时候，他的速度又变得很慢。

针对这个问题，我又想起来，牛仔对数字的译码能力弱，也就是我们所说的听觉注意力强，视觉注意力比较弱。在平时的生活中，可能这点差距体现不出来，但在考试的时候问题可就大了。学校试卷全都是视觉题，没有人会念给你听。你要做题，就必须先学会用眼睛看题。但牛仔在做题的时候必须先把应用题画出来，才能够理解。我后来查到，牛仔的这个特殊之处有一定的生理原因。7 岁左右的小孩，大脑的发育还没有完全定型，有一部分孩子大脑的前额叶发展好了，也有一部分孩子大脑前额叶还没有长好，而牛仔那个时候可能就属于后者。

脑前额叶指大脑额叶的前部区域，运动皮层和运动前区皮层的前方，主管着涉及规划复杂的认知行为、个性表达、决策和调节社会行为等。生理发展的滞后是可以通过时间和后天的努力来填补的，这是我一直坚持的观念。于是通过尝试各种各样的方法后，牛仔的数学成绩也没之前那么糟糕了。现在如果你问他："你最喜欢哪一门学科？"他会说："数学。"如果你接着问："你考得最差的是哪一门？"他也会说："数学。"

面对孩子的学习问题，家长是一定会焦虑的，这种焦虑也是正常的。焦虑，说明我们爱子心切，怕他承受不了巨大的压力，怕他完不成，但是焦虑带来的负面作用对他影响太大，而且一味沉浸在焦虑里，是解决不了问题的，跟其他的家长和老师多学习、多交流才是王道。

往事诚已矣，道存犹可追。不纠结于孩子的过去，立足现在，着眼未来，"学渣"妈妈照样可以引导孩子不惧数学、爱上数学和学好数学。

真麻麻小课堂

很多家长单纯地将数学教育理解为应试的需要，这其实是错误的。解数学题的方法才是应试的需要，真正的数学教育应该是一种为了开发智力、建立逻辑思维能力的素质教育，数学教育的核心应该是理性教育。

首先，让我从孩子感知世界的方式说起。孩子对世界的感知和大人非常不同，他们的感知是具象的。一颗星星、一个月亮、一朵花，分别是什么样子？妈妈是谁，爸爸是谁？孩子都是靠具体的形象辨认的。但数学和数字是抽象的，我们给孩子数学启蒙，就是让孩子对现实中的具体物体形成抽象概念，让孩子看到两个苹果的时候，脑子里不只有苹果，而且能对应上"2"这个数字。

很多家长教孩子数学，就是单纯地让孩子背口诀，认为孩子学得越多越好。但教孩子数学并不只是简单地教孩子进行加减计算。学数学的意义在于锻炼孩子的思维能力，培养孩子的逻辑推理能力，计算只是数学教学中很小的一部分。

幼儿数学的主要内容应包括以下几个方面：帮助孩子理解数的概念，了解简单的几何形体，学习事物的空间关系和时间关系，有一些简单的数学操作技术（如自然测量）等。这几个方面不分轻重，缺一不可，而且在发展孩子逻辑思维的同时，还发展孩子的观察力、注意力、记忆力、空间想象力等。死记硬背数字没有用，关键是带着孩子理解数的概念，将事物的内在关系联系起来——这才是数学的意义。

数学学习以教授数学知识、遵循数学规律为主。我们提倡让学生动手完成感兴趣的、与生活相关的项目，在这个过程中学习数学、以及其他跨学科的知识。

【真麻麻有话说】

数学应该这样学

从计算开始

计算能力就像语文学习中的识字，是数学学习的基础。如果连运算的过程都出现了差错，那最后的结果一定会大错特错。每天抽出几分钟来进行口算和心算，慢慢地你就会看到自己孩子在运算速度上的成长。

重视生活中的数学

数学思维虽然是抽象的，但是数学的运用在生活中随处可见。家长可以将数学中的理性知识还原成生活中具体的问题，让孩子充分感受到数学的魅力，并通过学习体会到数学学习的乐趣，完善学生由感性认识到理性思维转变的过程。在生活中需要计算的时候，家长不妨有意识地跟孩子提出数学问题，让他解答。带着孩子去买菜的时候，也不妨把钱交给孩子，让他自己计算付款和找零。

别小看这些，在小学数学学习中，解决问题占的分数是最多的，而解决问题无非就是判断用加减乘除中的某一种来列式解答。这些问题其实就是生活中的问题，孩子在生活中接触得多，自然就会解答。

学会独立思考是学好数学的核心

一些孩子对公式、性质、法则等背得滚瓜烂熟，但遇到实际问题时，却又无从下手，不知如何运用所学的知识去解答问题。授人以鱼不如授人以渔。与其带着孩子生搬硬套公式，不如静下心来认真教会孩子系统性的逻辑辩证法。

黄色糖豆：《让孩子着迷的77×2个经典科学游戏》

〔日〕后藤道夫 / 著

内容简介

从77个简易好玩的科学游戏入手，进阶到77个不可思议的科学游戏，涉及物理、化学、生物等多个领域的知识，孩子们可以亲自动手，独立思考，从小培养对科学的好奇心，在游戏中体验科学的神奇力量。

真麻麻点评

水壶悬空的秘密是什么？光线在水里为什么会拐弯？看似神秘的世界背后，是有迹可循的物理公式和科学原理。在日常的生活中，这些神奇的科学原理创造了我们身边一个又一个的奇迹。77个别开生面的科学游戏涉及生物、化学、物理等基础科学的方方面面，正是锻炼孩子独立思考能力和动手能力的最佳指导手册。

红色糖豆：《走进奇妙的几何世界》

〔英〕格里·贝利 费利西娅·劳 / 著 〔英〕迈克·菲利普斯 / 绘

内容简介

成熟的蒲公英是一个毛茸茸的圆球，这个聚集了上百个果实的圆球，让种子能够飞向四面八方，避免争夺同一块土地；自然界的杰出建筑师蜜蜂，建造出由众多正六边形的巢室组成的蜂巢，用最少的材料获得最大的空间；人们把多个路口交汇的地方设计成环岛，每条路以切线的形式通向环形路，车辆就不必像经过十字路口那样停下……《走进奇妙的几何世界》将几何之美、趣味与实用性充分展现出来，有助于激发孩子的好奇心和兴趣。

真麻麻点评

数与形的世界远远比我们想象中的要美妙。这本书通过趣味与实用相结合的方式将理性世界的奥秘剖析开来，既能以生动幽默的图画点燃孩子的好奇心，又能与生活中的实际相结合，开拓孩子们的眼界。

这本书的内容广博，涉及自然科学、天文地理、绘画雕塑、音乐体育以及生活常识等多个领域，可以作为孩子了解几何的入门书籍。

拿去吧！这些都是有用的好方法

说到带孩子，不同的专家会给父母们提供不同的建议，这些建议我曾经也选择认真地一一尝试，但发现这些方法有些管用，有些从来都不奏效，更有甚者有些方法反而会造成孩子与父母之间的对抗，或者破坏双方的信任。在这样的情况下，就会存在这样的一个悖论：越是关注教育的父母，越会感觉无所适从，在很多时候，他们会发现自己在后代教育的问题上变得越来越谨慎，甚至更容易因为教育孩子而心绪不宁。

0～3岁，是你给孩子无条件的爱的时候，他最需要的是陪伴，是我们家长给予的爱的付出。6岁之前也是建立规则最好的时候，如果你不在乎，或者没有方法去建立这些界限和规则，想等孩子长大了再去重新架构，那么他一旦长大就很难再听你讲什么，尤其到了青春期，就更容易情绪大起大落。

关于给孩子建立边界的指导原则和教育理念，我认为无论针对哪个年龄段的孩子，都可以遵循这些原理和原则。

把注意力集中在一些重要的事情上，比如说玩耍、和他人交往，让自己快乐起来。而在确立边界这件事情上，父母的情绪状态可以预示孩子的反应，如果父母没有明确地确立界限，或者缺乏信心、大发脾气，这些表现容易使孩子心神不宁，更可能导致他们出现更多的不当行为。在孩子的眼中，父母是绝对的意见领袖，父母的感觉总是能够为他们的行为来确定基调。有了这样的理解，我们就不难发现，在带孩子方面，父母越是痛苦挣扎，孩子越难带，从而形成一个令人气馁的循环。

在我的眼里，没有哪个孩子是真正的坏孩子，只有一些容易受到外界影响、引起内心冲突的孩子，他们在努力地应对情绪与冲动，试图以他们知道的唯一方式——发脾气来表达自己的感觉与需求。如果我们因为他们的行为而感觉到挫败、困惑和烦恼，进而将他定义为坏孩子，这才是对他们的一种真正的伤害。

家长可能希望孩子具有一定的成熟度和情绪控制能力来做一些大人才能做到的事情。比如你希望孩子一整天都在家乖乖地待着，完全不会干扰你看电视或者看书。但实际上，孩子们尚未发育到拥有这种能力的程度，这属于对孩子的过高期望，所以这种冲突之下就可能导致父母在有期待的时候总是徒劳无功。

我认为教育孩子的最大秘诀是抛弃那些“一招鲜吃遍天”的技巧。这种技巧下的控制会让我们失去对孩子的尊重，但不管是对孩子还是对成人，尊重与诚实都是至关重要的。

牛仔最喜欢玩乐高，这是他在乐高墙跟前拼出来的字。居然是"中国"两个字，孩子对祖国的热爱让我很感动。

假期我会带牛仔去看各种展览，下图的大南瓜是根据日本艺术家草间弥生作品创作的，牛仔从小就喜欢这位艺术家。

小汽车迷自然被汽车模型迷住。

我经常带牛仔去看各种画展，因为我知道牛仔喜欢绘画，也有这方面的天赋，他在幼儿园时画的画就曾获得过亚洲金奖。要实施天赋教育，妈妈应该先了解孩子的特点，激发他的天赋。

在这里，我总结了自认为非常实用的一些教育基本原则。

孩子每天要有相对稳定的时间表

尽量让孩子的日常生活规范化，如果孩子对于每天要做的事情心里有数，那么孩子在面对他的整个生活时就会从容和有底气很多。如果每天他都是循环往复地按同样的流程做事情，而且知道下一步自己将要做什么和怎样才能把这件事情做好，那孩子在安排自己的日常活动时就会比那些毫无概念的孩子靠谱得多。

我们不要指望一个学龄前儿童在看一场电影的全程都中规中矩，更不能指望这个年龄段的孩子陪我们在商场逛整整一天后还能神采奕奕。同样，你也不能早早地用各种预定的活动把孩子每天的日程都安排得满满当当，然后还指望孩子在每一件事情上都全力以赴，这些都是孩子们做不到的。你需要的是培养他的时间观念，然后交由他自己处理。

不要担心孩子的不当行为

我之前给孩子们讲过一些表达力的课，在我的课堂上，许多父母经常会担心他们的孩子表现出顽劣不堪、欺负弱小、争强好斗的行为，他们总是爱在课前课后问我，孩子有没有异常表现。如果真的不听话，要求我狠狠地批评他的孩子，他们说严师出高徒，对孩子狠一点儿就是对他好。

实际上，当父母存在这种担心的时候，孩子其实是能够觉察到的，这样只会导致孩子将这些负面的角色内化于心，从而把矛盾升级。

家长要给孩子边界意识

我一直鼓励父母要把自己想象成一位很有经验的领导者，而把孩子想象成一位受尊重的下属。这样家长就不会采取疑问的口吻，也不会经常雷霆震怒，或者是极度情绪化。如果让孩子觉得我们对他的行为并不紧张，在规则的制定上连自己都会自相矛盾。孩子一眼就能看出我们的局促，就会怀疑界限确立得是否科学。如果我们深信自己边界的确立是没有问题的，那么就可以表现得毫不费力，孩子也会对边界清晰，觉得在边界里活动，反倒能够感觉到安慰。

有的孩子越是有客人到家里来，表现就越大胆、越出位。比方我曾经在就餐的时候，看见一对双胞胎姐妹爬到了爸爸的头上，弄得爸爸很难堪。合格的父母会就事论事地告诉孩子："我不让你这么做，如果你再爬到我的头上来，我可能就会把你推开了。"家长如果采用责备、痛骂或者惩罚的手段，都无法让学龄前儿童清楚地知道自己错在哪里，而且家长的这些反应很有可能给孩子制造愧疚感和羞耻感。

尽量用第一人称交谈

交流时尽量用"我"，儿童学龄前是学习第一人称的最好时机，这是孩子学习与他人交流的第一步。多用第一人称可以提高"我"信息的使用频率。

给予孩子温暖

关于这个说法现在其实还是有一些争论，市面上有很多的书，比如像广为流传的正面管教系列中，就有一个让孩子学习控制情绪的方法，叫作“冷静角”。作者提倡当孩子情绪失控的时候，让孩子自己去冷静角闭门思过，有些类似于关小黑屋的形式。我认为，还是尽量不要采取这种隔离的方式，用沟通的语言交流会更加有效。隔离是惩罚而不是教养孩子的方式。

让孩子学会真实面对

如果孩子不能把饭吃完，那么他吃东西的时间就到此结束；如果孩子不想去上学，那么今天就不能玩乐高。父母的这些决定其实就是让孩子接受这种自然的结果，让孩子产生公平的感觉。孩子虽然会对这个后果给出消极的反应，但不会认为自己是受人摆布或者感到羞耻。

接受孩子的情绪

有些孩子突然哭闹时我们其实并不需要立刻阻止，反而应当允许，甚至在某些时候还应鼓励孩子主动表达出自己的情绪感受来。我现在还记得牛仔小的时候我不让他摸电源，他就很愤怒甚至还有挫败感，但这个时候我选择让他自由表达，这种情绪通常不会持续很长时间。

全然接纳

有些家长经常会对孩子说：“你如果不能达到我的要求，妈妈就不要你了。”这样的话会让孩子认为，父母的爱与支持是有条件的，让孩子因此不喜欢父母甚至恨父母。长此以往，孩子自己将会产生不安全感和自我价值缺乏感。

十年树木、百年树人，教育原本就是一个传承长久的伟大事业，家长们多些耐心，少些烦躁，很多问题自然会迎刃而解。爱，不是简单的给予和包容，而是选择性的批评和引导，有了这些原则作为指引，我相信，父母在教育上会更轻松、愉悦。

我和牛仔都喜欢绘画，我们在业余时间经常一起画画，享受这一兴趣爱好。

年轻时做节目，我听过很多歌曲。这是我受邀参加『上海简单生活音乐节』，我和牛仔坐在草地上一起听熟悉的歌曲，整整坐了一天。

活色生香的亲子教育

教育是天底下最难的事。没有哪个人能保证把你的孩子教到最好，即使谁保证了你也不会相信。如果教育是完全可控的，那么拥有普天下教育资源的皇帝就怎么也不会丢掉天下，“自古将相出寒门”的古训就怎么也不会成立，“弟子不必不如师”的教诲就不会成为名言。因为：

能教的都不重要；

重要的都不能教。

教育是天底下最难的事，而最最难的是自己教自己的孩子。所以老师即使是名师也常常要把自己的孩子交给别的老师去教，而不事事亲力亲为。妈妈们为什么日日焦虑，皆因是自己教育自己的孩子。俗云：“医不自医。”这不是因为医生的水平不够，而是因为医疗和教育一样，所依据的主要是理。医生面对亲人的时候，就会变成“医不自医”。必须承认，我们并没有足够的智慧来协调二者的关系。教育难于医疗。除了情理矛盾，还有一个“说教”的问题。所有的说教都有“水分”。所有的“水分”都瞒不过日日在侧的孩子。俗云：老婆面前无圣人。即是此谓。也就是说，面对孩子，我们必须百分之百的真诚，些微的虚伪和做作都会使我们的教育前功尽弃。我们会百分之百的真诚吗？我们能做到百分之百的真诚吗？所以说亲子教育，真的是太难了。

然而，最难的事却又是最需要做的事。教育不是万能的，但离开教育却万万不能。陶真女士选择了教育，更为难能可贵的，是她选择了亲子教育。面对影子一般日日在侧的儿子，从大到小，事无巨细，只要孩子有问题，她总是耐心作答，力求满意。如果她有回答不了的问题，她会记录存疑甚至带着孩子找人求教。她讲性别，从生理说到心理；讲生死，由远及近直到孩子姥姥的离去；讲挣钱花钱，讲校园暴力，讲责任，讲道理，有 n 个问题，就有 n+1 个有效的办法……语言生动，幽默风趣。更让我感动的是，她说的都是“真的”。她用自己的语言和行动，启发着、潜移默化着自己的爱子。就像“天下无相同的叶子”一样，更不会有完全相同的两个孩子。陶真女士的亲子教育活色生香，智慧真诚，我愿把它推荐给更多的妈妈做参考。或许，陶家之“石”，真的可以攻“玉”！

孟宪明

己亥年六月十三日于豫州蛟龙窟混沌斋

新雨初晴，凉风如饴